AF199457

Arnold Dietrich Schaefer

Die Hansa und die norddeutsche Marine

Zwei öffentliche Vorträge

Arnold Dietrich Schaefer

Die Hansa und die norddeutsche Marine
Zwei öffentliche Vorträge

ISBN/EAN: 9783743690653

Hergestellt in Europa, USA, Kanada, Australien, Japan

Cover: Foto ©ninafisch / pixelio.de

Weitere Bücher finden Sie auf **www.hansebooks.com**

Die Hansa

und die norddeutsche Marine.

Zwei öffentliche Vorträge

von

D. Arnold Schaefer

o. ö. Prof. der Geschichte an der Rheinischen Friedrich-Wilhelms-Universität.

Bonn,

bei Adolph Marcus.

1869.

Die Hansa der Deutschen.

Vortrag gehalten zu Wesel am 12. März 1869.

————————

Während in unserer Zeit Preußens König die Ehre des deutschen Namens siegeskräftig beschirmt und die in fremden Landen zerstreuten Deutschen freudig bekennen, daß sie nicht mehr hinter anderen Völkern einheitlicher Macht zurückstehen, sondern mit getrostem Muthe ihr Haupt erheben dürfen, überkommt in der Heimat manchen noch der zaghafte Gedanke, ob wir Deutschen überall den Beruf haben, uns zur Nation zu bilden, und ob es uns nicht besser frommte, in der bescheidenen Zurückhaltung zu verharren, welche so lange unser Loos gewesen ist. Solch kleinmüthigen Bedenken darf man vor allem entgegnen, daß dies gar nicht in unserer Wahl steht, daß wir entweder den Ehrenplatz behaupten müssen, den Preußen errungen hat und durch Preußen das deutsche Volk, so weit es seiner Führung folgt, damit wir durch die Ach= tung, welche wir unter den Völkern genießen, auch un= seren nationalen Wohlstand befestigen, oder daß — was Gott verhüte — mit unserer Macht und Selbständigkeit auch die Sicherheit unseres wirthschaftlichen Lebens ver= scherzt wäre. Daß es sich so verhält, kann unsere eigene Geschichte uns lehren: sie stellt uns handgreiflich vor Au= gen, daß mit thatkräftiger Einigung unseres Volkes auch sein Wohlstand erblüht, dagegen mit der Zersplitterung

der Kräfte auch die wirthschaftliche Zerrüttung unaufhalt=
sam hereinbricht. Ich werde versuchen, dies in kurzen
Zügen an der deutschen Hanse darzuthun, dem großen
Städtebunde, welchem einst auch Wesel angehört hat.

Die Geschichte der Hanse ist die Geschichte unseres
Handels und unserer Seemacht auf den nördlichen Mee=
ren. Von je her waren die Deutschen kühne Seefahrer:
wo sie irgend an das Meeresgestade vordrangen, eröff=
neten sie ihre Schiffahrt; über die See hinweg haben die
Angeln, Sachsen und Friesen Britannien erobert.

Sobald Kaiser Karl der Große die in der Heimat
zurückgebliebenen deutschen Stämme zu einem Reiche ver=
einigt hatte, nahm er Bedacht darauf die Küsten zu
schirmen: er ließ in den Häfen Frieslands eine Flotte
erbauen. Aber bei dem Verfall des Reiches und den
Theilungen unter seinen Nachfolgern ward der Schutz der
deutschen Gewässer verabsäumt. Die Normannen von
Dänemark, Norwegen und Schweden beherrschten mit
ihren schnellen Schiffen die Meere. Frankreich mußte ih=
nen die reichen Landschaften an der unteren Seine ein=
räumen: England widerstand lange, aber ward schließlich
doch erobert. Nicht minder verheerten die Normannen
die deutschen Niederlande bis in die Moselgegend hinauf:
Elbe, Weser, Ems, Rhein und Maas standen ihren Ein=
fällen offen, sie verwüsteten Achen, Köln und Trier, Ham=
burg legten sie zweimal in Asche.

Die hergestellte Ordnung des Reiches und die Züge
König Heinrichs I. und der Ottonen gegen die Dünen
setzten diesen Verheerungen eine Schranke. Christliche
Cultur drang in den Norden vor, die Raubsucht ward

gezügelt und ein friedlicher Verkehr eröffnet. In Deutschland erhoben sich die alten Städte aus den Trümmern,
neue wurden gegründet. Während das Landvolk nach
und nach seine Freiheit einbüßte, kam der Bürgerstand
empor, betriebsam in Handel und Gewerbe und zugleich
wehrhaft, in wachsender Bedeutung von Geschlecht zu
Geschlecht.

Die Kaiser schützten die Städte und vertraten sie im
Auslande: die deutschen Kaufleute wußten sich vieler Orten Eingang und Geltung zu verschaffen. Um das Jahr
1000 verlieh König Aethelred von England den „Leuten
des Kaisers, die mit ihren Schiffen nach London kommen", gleiches Handelsrecht mit den einheimischen: dafür
entrichteten sie dem Könige zu Weihnachten und zu Ostern
eine Steuer an Tuch, Pfeffer, fünf Paar Handschuhe,
zwei Fäßchen Essig. Es waren vornehmlich Rheinländer,
welche nach England handelten: das „Haus der Kölner"
zu London, welchem um 1157 Heinrich II von England
seinen königlichen Schutz bestätigte, erscheint als das
Mutterhaus des späteren hansischen Stahlhofes. Wie in
England, so bürgerte sich auch in Flandern der deutsche
Handel ein.

Die deutschen Schiffer beschränkten sich nicht auf kurze
Fahrten. In den Zeiten der Kreuzzüge liefen aus den
Mündungen unserer Ströme ganze Geschwader aus, um
Palästina auf dem Seewege zu erreichen. Mit Hilfe
deutscher Kreuzfahrer ward im Jahre 1147 Lissabon den
Mauren abgenommen. Bei dem großen Kreuzzuge von
1190, auf dem „der edel Stoufære, der Kaiser Friderich,
verdarp," landeten Bürger von Köln, Bremen, Hamburg,

Lübeck bei Akka und nahmen Theil an der Stiftung des deutschen Ordens. Und nicht bloß im Morgenlande wirkte das deutsche Ritterthum und Bürgerthum zusammen: bald eröffnete sich ihrer gemeinsamen Thätigkeit ein neues Gebiet im baltischen Norden.

Schon hatten die Deutschen die Ostseeländer in den Bereich ihrer Unternehmungen gezogen. Um die Mitte des zwölften Jahrhunderts setzten sich Markgraf Albrecht der Bär von Brandenburg und Herzog Heinrich der Löwe von Sachsen in dem Wendenlande fest, und was das Schwert erobert, ward durch den Fleiß deutscher Bürger in den neugegründeten Städten, durch die Ansiedlungen deutscher Bauern auf dem Lande zu bleibendem Eigenthum gesichert. Die Pflanzung der christlichen Kirche wirkte zu demselben Ziele hin. Bald folgten dem Beispiele der deutschen Eroberer auch wendische Fürsten: die deutschen Niederlassungen, vorzüglich von Holland, den Rheingegenden und Westfalen her, breiteten sich aus in Mecklenburg, Pommern, bis nach Polen hinein.

Hand in Hand damit gieng der Handelsverkehr. Von der Nordsee aus begann die Schiffahrt sich nach den baltischen Meeren zu erstrecken. Schon im Anfange des zwölften Jahrhunderts ließen sich Deutsche auf der Insel Gothland nieder, zu Wisby, das bald der Stapelplatz für den ganzen Norden wurde: sie entdeckten die Einfahrt in die Newa und suchten den Markt von Nowgorod am Wolchow auf; im Jahre 1158 liefen Bremer in die Düna ein, wo später von ihnen Riga erbaut ward. An diesen Fahrten nahmen auch Bürger aus dem Binnenlande Theil. So empfieng z. B. Soest in Westfalen 1232 vom Dänenkönige einen Schußbrief gegen das Strandrecht; unter den deutschen Kaufleuten auf Gothland, welche 1228 den Handelsvertrag mit den Russen von Smolensk abschlossen, waren Bürger von Soest, Münster, Gröningen und Bremen.

So ward der deutsche Handel auf der Ostsee eröffnet: bald sollte er eine wirksamere Pflege finden von deutschen Ostseestädten aus, welche in raschem Wetteifer gegründet wurden.

Im Jahre 1158 ward Lübeck erbaut, 1170 Rostock, um 1200 Riga, in den nächsten Jahrzehnten Stralsund, Greifswald, Wismar. Der deutsche Ritterorden unternahm seit 1227 den Kampf gegen die heidnischen Preußen. In das eroberte Land rief er deutsche Ansiedler in Menge und veranlaßte die Gründung einer langen Reihe von Städten, vom Weichselgebiete bis Livland, wo der mit ihm verbündete Schwertorden gebot. Ich nenne Elbing, Memel, Königsberg: neben ihnen verjüngte sich die alte Stadt Danzig und gewann ein vorwaltendes Ansehen. Alle diese Orte erwuchsen unter gleichmäßiger Pflege der Gewerbe und des Handels. Ihr Recht und ihre Verfassung entlehnten sie meist von Lübeck, welches nach erlangter Reichsfreiheit sich zu dem wichtigsten „Kaufhause" des Nordens ausbildete.

Seitdem entwickelte sich der deutsche Handel in zwei Richtungen. Der oberdeutsche, welcher die Verbindung mit Italien und dem Rhonegebiete unterhielt, blieb abhängig von den weithin gebietenden südlichen Handelsplätzen, namentlich von Venedig und Genua. Ungleich selbstständiger gedieh der niederdeutsche Handel, dessen Haupt-

märkte in der Fremde Brügge, Antwerpen, London, Ber=
gen in Norwegen, Wisby, Nowgorod bildeten. An je=
dem dieser Stapelplätze genossen die deutschen Kaufleute
in der Regel unter einander gleiches Recht: sie schlossen
sich zusammen als „die gemeinen deutschen Kaufleute",
„die Kaufleute aus des Kaisers Lande," die „Gilde" oder
„Hanse" der Deutschen.

Das Kaiserthum erschöpfte sich in dem Kampfe um
Italien und dem Streite mit dem Pabstthum. Es kam
„die kaiserlose, die schreckliche Zeit", und wenn dann auch
die Kurfürsten wieder deutsche Könige und Kaiser erwähl=
ten, eine Reichsregierung, welche die allgemeinen Interes=
sen der Nation wahrgenommen hätte, hat seit dem Un=
tergange des staufischen Hauses nicht mehr bestanden.

Die deutschen Städte waren von Kaiser und Reich
verlassen: aber in ihren Bürgern lebte der Geist der
Eintracht fort. Daher unternahmen sie es sich selbst zu
helfen und auch ohne den Kaiser den deutschen Handel
daheim und in der Fremde zu vertreten und zu schützen.
Die auf allen Seiten drohende Gefahr trieb sie zum Bun=
de, um sich ihres Lebens und ihrer Lebensbedingungen
zu wehren: unter Prüfungen und Wechselfällen, empfind=
lichen Niederlagen sowohl als rühmlichen Erfolgen, wuchs
ihnen die Erkenntniß dessen, was noth that und was sie
mit vereinter Kraft durchführen konnten.

Im Jahre 1241 verbanden sich Lübeck und Hamburg
zu gegenseitigem Schutze; ihnen schlossen sich Braunschweig,
Lüneburg, Bremen, Köln, Magdeburg an; bald breitete
sich der Bund nach allen Seiten aus und nahm größere
und kleinere Städte in sich auf. Ich erwähne außer den

bereits genannten die wendischen Städte Wismar, Rostock, Stralsund, Greifswald, die preußischen Danzig und El= bing, ferner die liv= und esthländischen Riga, Reval, Dor= pat, die westfälischen Münster, Osnabrück, Paderborn, Soest, Dortmund, die rheinischen Duisburg, Wesel, Em= merich, Nimwegen, in Holland und Seeland Utrecht, Am= sterdam, Dordrecht, Briel. Kurz alle Städte vom fin= nischen Meerbusen bis zu den Grenzen Flanderns, von der Seeküste landeinwärts, so weit das nördliche Han= delsgebiet reichte, bis Krakau, Breslau, Erfurt, Göttin= gen, Andernach, gehörten kürzere oder längere Zeit dem Bunde an. Auf diesen Bund der Städte ward allmäh= lich der ursprünglich von den Genossenschaften der deut= schen Kaufleute an auswärtigen Handelsplätzen gebrauchte Name Hanse übertragen.

Erwägen wir nun, welchen Zwecken die Hanse diente. Der erste und nächste Zweck war gegenseitiger Schutz zu Wasser und zu Lande. Die Straßen sollten sicher sein gegen Gewalt und Raub und frei von willkürlich aufge= legten Zöllen. Deshalb schritten die Hansen mit allem Eifer, so weit ihr Arm reichte, gegen die Raubritter ein und brachen ihre Burgen. In der Fremde suchten sie möglichst auch in Kriegszeiten durch Verträge sich freien Verkehr zu sichern, wie im Vertrage mit Nowgorod vom Jahre 1338 ausbedungen wird: »de ghast scal eynen reynen wech hebben, sunder hindernisse.« Auf den Meeren waren sie darüber aus, die Seeräuberei und die Ungebühr des Strandrechtes abzustellen, nach welchem der Schiffbrüchige bis auf die Haut ausgeplündert und in die Knechtschaft fortgeschleppt ward. Kaiserliche und päbst=

liche Schutzbriefe blieben gegen solchen Mißbrauch un=
wirksam: mehr erreichten die Städte durch Einzelverträge
mit den Landesherren; aber durchgreifend half ihnen nur
ihre eigene Wachsamkeit und der Nachdruck, mit dem sie
jeden Eingriff in ihr Eigenthum ahndeten.

Gegenseitigen Schutz aber konnten die Städte sich nur
dann gewähren, wenn sie einträchtig Friede und Recht
unter einander wahrten. Das war das zweite, worauf
die Hanse abzweckte, die eigentliche Grundbedingung ihrer
Stärke. Mochte auch noch so oft Landfriede geboten wer=
den, im Reiche herrschte das Faustrecht, der Krieg aller
gegen alle; Kaiser, Fürsten, Ritter und Bürger waren
in immerwährenden Fehden begriffen. Mitten in diesen
Spaltungen und Parteiungen befestigten die Städte ihre
Eintracht und gelobten über vorkommende Streitfälle sich
durch Schiedsrichter zu vergleichen.

Auf diesen Friedestand ward streng gehalten. Im
Jahre 1281 brach zwischen Greifswald und Stralsund
eine Fehde aus: alsbald legten sich die anderen ihnen
nächstverbündeten wendischen Städte Lübeck, Wismar und
Rostock darein um den Streit zu schlichten, der, mit
unüberlegter Hitze erhoben, die gemeine Freiheit der Kauf=
fahrer in Gefahr bringe: der Stadt, welche abermals den
Frieden bräche, ward eine Strafe von 100 𝔪𝔨 Goldes
gesetzt.

Gleichermaßen hielten die Hansen auf Ruhe und Ord=
nung innerhalb jeder Stadt und auf festes Regiment,
wie es den Handelsinteressen entsprach. Das lübische
Recht war auch in diesem Stücke das Kleinod der öst=
lichen Seestädte; aber auch bei den übrigen Stadtgemein=

ben warb barüber gewacht, baß nicht die Zünfte der Hand=
werker das Regiment an sich rissen. So geschah es mit
Braunschweig. Als dort im Jahre 1374 die Zünfte,
an ihrer Spitze die Schuster und die Gerber, den alten
Rath verjagten, warb die Stadt „verhanst", d. h. mit dem
Hansebann belegt. „Hiervon so warb," melbet die Sach=
senchronik, „die Stadt sehr ohnmächtig, ihr Reichthum,
ihre Stärke vergieng, dazu ihre Kaufschaft und ihre Hand=
lung." Es blieb ihr nichts übrig, als sich zur Sühne
zu erbieten. Auch in Privatverhältnissen bestand Rechtsge=
meinschaft. Schuldner aus der einen Stadt konnten in der
andern zur Zahlung angehalten werden: in Criminal=
fällen warb von der einen auf die andere Berufung ein=
gelegt.

Die Leitung kam durch die Natur der Dinge für die
östlichen Gebiete überwiegend an Lübeck, für den Westen
an Köln, das für den Handel mit Flandern und Eng=
land den Mittelpunkt bildete. Bemerkenswerth ist ein
Streit, den Lübeck und Wisby über das Appellrecht vom
Hofe zu Nowgorod 1295 mit einander führten. Für
Wisby sprach das Alter des Verkehrs, dennoch entschieden
für Lübeck die bedeutendsten Städte der Hanse, unter ih=
nen Köln, Braunschweig, Magdeburg, Stralsund, Elbing,
Riga und Reval.

So entwickelten sich gleichartige Verfassungen, ein
gemeinsames Handelsrecht, gemeinsame Gewerbeordnun=
gen: die deutschen Kaufleute, die Hansen, bilden den
fremden gegenüber eine geschlossene Einheit. Damit erst
war die Möglichkeit einer Handelspolitik gegeben, deren
Hauptaufgabe in der Vertretung ihrer auswärtigen Han=

delscomtore lag. Auf manchen derselben, z. B. in Flan=
dern und vorzüglich in London, kam es darauf an durch
regelmäßige Leistungen und gelegentlich durch außeror=
dentliche Opfer, z. B. durch Vorschüsse und Darlehen, ver=
tragsmäßige Vorrechte zu erwerben, und es ist in der That
bewundernswerth, mit welchem Geschick die Hansen trotz
der Eifersucht der einheimischen Kaufleute ihr Uebergewicht
Jahrhunderte hindurch behaupteten. Den skandinavischen
Reichen dagegen schrieben sie mit den Waffen Gesetze vor,
sobald sie in ihren einmal zugestandenen Rechten geschädigt
wurden.

Im Jahre 1284 hob König Erich von Norwegen die
von seinem Vater, dem friedfertigen Magnus, den Hansen
verliehenen Freiheiten auf, legte Beschlag auf ihre Schiffe
und ihre Warenlager zu Bergen und sperrte ihnen die
Häfen seines Reichs. Aber die Hansen wußten Norwegen
zu zwingen. Es ward verboten, Getreide, Malz und Bier
nach Norwegen zu verschiffen, ein Geschwader in den Sund
gelegt, ein anderes kreuzte an den norwegischen Küsten. »Des
loveden sic tosamene de stede bi der ostersee unde bi
der westersee altomal, ane de van Bremen,« sagt der
Franziscaner Detmar in seiner Lübecker Chronik. Die Bre=
mer hielten es mit König Erich und wurden dafür verhanst.
Die übrigen Städte führten die beschlossenen Maßregeln
so kräftig durch, daß in Norwegen Hungersnoth entstand
und daß König Erich nach einem Jahre unter schwedi=
scher Vermittelung Frieden schloß. Er gab die Schiffe
heraus, zahlte Schadenersatz und versprach die deutschen
Kaufleute gegen alle Widersacher zu beschützen.

Noch wichtiger waren die Hansekriege mit Dänemark, namentlich mit dem Könige Waldemar Atterdag. Dieser Fürst, ein kluger, zäher, unverzagter Herr, richtete Dänemark aus tiefer Zerrüttung auf und unterhielt während dessen gutes Einvernehmen mit den Hansen: aber er änderte sein Verhalten, sobald seine Macht sich befestigt hatte. Es war ihm gelungen den Schweden die Landschaften Schonen, Halland und Blekingen wieder abzunehmen: damit waren die Gestade der Meerengen, welche den Zugang zur Ostsee bilden, gänzlich in seiner Hand: mit den Schlössern Helsingör und Helsingborg beherrschte er den Sund. Diese Machtstellung benutzte er dazu, den deutschen Kauffahrern den Sundzoll aufzuerlegen; aber es genügte ihm nicht sie zu schatzen, sondern er lauerte auf die Gelegenheit sie zu berauben. Im Sommer 1361 fuhr er mit vieler Mannschaft nach Gothland und eroberte die fast nur dem Namen nach von Schweden abhängige Stadt Wisby. Waldemar hatte seinen Leuten angekündigt, er wolle sie dahin führen, wo die Schweine aus silbernen Trögen fräßen. Fortan war es um den zum Sprichwort gewordenen Reichthum von Wisby geschehen; der Kern der Bürger ward erschlagen, die Warenlager ausgeleert, Gold und Silber geraubt, kurz die hansische Pflanzstadt so schwer heimgesucht, daß sie es nimmer hat verwinden können.

Dieser Schlag hatte die Hanse überrascht, aber sie raffte sich auf, um Genugthuung zu nehmen. Nach Beschlüssen der zu Greifswald gehaltenen Tagfahrten ward der Handel mit Dänemark verboten, der erste allgemeine Zoll ausgeschrieben, Kriegsschiffe gerüstet, Bündnisse mit den Königen von Norwegen und Schweden und den Grafen von Holstein geschlossen. Im Frühjahr 1362 ging der Lübecker Bürgermeister Johann Wittenborg mit einem starkbemannten Geschwader in See und belagerte Helsingborg. Die Erstlinge des Kriegs waren glücklich, aber nicht lange so überfiel Waldemar die Hanseflotte, schlug sie vollständig und entsetzte Helsingborg.

Nach dieser Niederlage boten die Hansestädte die Hand zum Frieden, aber eine aufrichtige Versöhnung trat nicht ein. Die Städte rüsteten zu einem neuen Waffengange. Sie schoben die Schuld des einmaligen Mißlingens auf ihre Befehlshaber: die Lübecker straften den Bürgermeister, der sich hatte schlagen lassen, mit dem Tode. Und sie konnten die Sache nicht ruhen lassen, denn Waldemar hielt den Frieden so schlecht, daß, wie es in einer Klagschrift heißt, der Kaufmann des Ostens, Westens, Südens und Nordens gegen einen so maßlosen König laut aufschreien mußte. Namentlich störte er die deutschen Niederlassun= gen in Schonen, die sogenannten Vitten, in denen seit langen Zeiten alljährlich im Spätsommer und Herbst die Hansen die Ausbeute ihres Häringsfangs einsalzten und verluden und zugleich einen großartigen Umsatz von Waren aller Art vermittelten.

Waldemar meinte sicher zu gehen. Schweden war durch eine zwiespältige Königswahl zerrüttet. Dem Könige von Norwegen vermählte er seine Tochter und zog ihn in sein Bündniß; ja er hetzte selbst den Kaiser Karl IV gegen den Städtebund auf, machte dem Pabste zu Avig= non den Hof und vermochte ihn, den Obrigkeiten der Seestädte mit dem Kirchenbanne zu drohen.

Aber die Hansen ließen sich nicht schrecken, sondern trafen mit Umsicht ihre Maßregeln um mit gesamter Kraft die drohende Gefahr zu bestehen. Ihre Bevollmächtigten rathschlagten im Sommer 1367 zu Stralsund, alsdann in der Woche nach Martini zu Köln. Hier ward der Krieg beschlossen, aller Handel mit Dänemark, jede Einfuhr von Mundvorrath oder Kriegsbedarf bei Strafe der Ausschließung aus der Hanse untersagt, die Rüstungen angeordnet und zur Deckung der Kriegskosten der zweite Pfundzoll ausgeschrieben, eine mäßige Abgabe von der Ausfuhr und Einfuhr zur See.

Mit regem Eifer waffneten sich die Bürgerschaften von Livland bis zu den Rheinlanden, um der genommenen Abrede gemäß Sonntag nach Ostern 1368 ihre Geschwader aus der Oster- und der Westersee zu vereinigen. Auf solche Einmüthigkeit war Waldemar nicht gefaßt: als Lübeck ihm die Fehdebriefe von 77 Städten übersandte und von allen Seiten die Nähe der Gefahr ihm kund ward, da begab sich am Gründonnerstage der jüngst noch so übermüthige König auf die Flucht und ließ sein Reich im Stiche. Bald trafen die deutschen Flotten an den Küsten von Schonen und Seeland ein: Kopenhagen, Helsingör und eine große Zahl anderer Städte wurden erobert und alsbald auch Norwegen mit den Schrecken des Krieges heimgesucht, bis König Hakon um Waffenstillstand bat. Die Dänen, von ihrem Könige verlassen, gleichzeitig auch von den Verbündeten der Hansen, den Schweden und Holsteinern befehdet, widerstanden hartnäckig bis ins zweite Jahr, aber im November 1369 bequemten auch sie sich auf dem Hansetage zu Stralsund um Frieden zu bitten. Dieser ward am 24. Mai 1370 von dem Reichsverweser und den Großen Dänemarks mit den Sendboten der Städte abgeschlossen und im nächsten Jahre von König Walbemar selbst besiegelt und bestätigt. In dem Stralsunder Friedensvertrage wurden die Freiheiten und Rechte der deutschen Kaufleute nebst den von ihnen zu leistenden Abgaben auf Grund der älteren Privilegien klar festgestellt und den Städten zum Kosten= und Schadenersatz die königlichen Schlösser in Schonen samt Zubehör auf 15 Jahre verpfändet. Ueberdieß ver= pflichteten sich die Dänen, zum Nachfolger Walbemars keinen Herrn anzunehmen, es sei denn mit dem Rath der Städte.

Niemals hat Deutschland den skandinavischen Reichen einen ruhmvolleren Frieden auferlegt. Und das war die That nicht des gesamten Reiches, sondern nur der nord= deutschen Städte, vollbracht nicht unter kaiserlicher Füh= rung, sondern trotz dem Kaiser, der ihres Feindes Freund war, der während sie für das gemeine Beste ihr alles wagten, über die Alpen zog und mit Mailand und Rom sich zu schaffen machte, ein redender Beweis, daß die kaiserliche Politik jener Tage die nationalen Interessen auf das schnödeste verleugnete. Der Hansebund hatte eine andere Behandlung verdient. Er hat nie die hergebrachten Ver= pflichtungen seiner Bundesglieder gegen die Landesherren willkürlich zu brechen gesucht: er hat nie seine Waffen gegen das Reich gekehrt: er hat sich stets zu dem Grund= satze bekannt: „gebet dem Kaiser was des Kaisers ist." Auch in den Walbemarschen Händeln hatten die Städte in Ehrerbietung ihre Noth an dem Throne des Kaisers geklagt und das gute Recht des deutschen Kaufmanns vertreten. Damals mochte Karl IV sie nicht hören, nach ihrem Siege brachte er seine Huldigungen dar. Am 22. October 1375, wenige Jahre nach dem Stralsunder Frieden, empfiengen die Lübecker den Kaiser mit seiner Gemahlin und einem glänzenden Gefolge von Fürsten in ihrer Stadt. Karl bewunderte die Festigkeit der Mauern und Thore, den Reichthum und die Pracht Lübecks: er begrüßte die Bürgermeister als Herren, und als sie bemüthig diese An= rede ablehnten, wiederholte er: „ihr seid Herren, und Lübeck ist eine der Hauptstädte des Reiches: so oft ihr anwesend seid, wo der Kaiser ist, mögt ihr in des Kaisers Rath eintreten."

Das waren schmeichelhafte Worte kaiserlicher Huld, aber die That entsprach ihnen nicht. Nach wie vor blie= ben die verbündeten Städte auf ihre eigene Kraft und Einsicht angewiesen, und sie durften Gott danken, wenn die Kaiser ihnen nichts in den Weg legten. Vorläufig war ihr Bund befestigt und ward durch den guten Wil= len seiner Mitglieder zusammengehalten. Die Sendboten der Städte beriethen auf den Hansetagen, welche in der Regel alle drei Jahre nach Pfingsten zu Lübeck oder auch an andern Orten abgehalten wurden. Eine Zeit= lang theilten sie sich nach Dritteln: da war Lübeck der Vorort des wendischen Drittels, Wisby des gothländisch= livländischen, Köln des westfälisch=preußischen, gemäß den alten Beziehungen zwischen Preußen und Westfalen. Später finden wir statt der Drittel Quartiere, und zwar vertrat Lübeck das wendische Quartier, Köln das rhei= nisch=westfälische, Braunschweig das sächsische, Danzig das preußisch=livländische.

Auf den Hansetagen wurden Beschlüsse gefaßt über Krieg und Frieden, mit Gesandten fremder Fürsten Verhandlungen gepflogen, Rüstungen und Beisteuern ausgeschrieben, Beschwerden unter den Städten abgestellt, Handelsgesetze erlassen. Das Gedeihen des deutschen Handels hieng davon ab, daß auf gute Ware, richtiges Maß und Gewicht und vollgiltige Münze gesehen ward. Als einmal nach Nowgorod schlechte Leinwand geliefert war, wurde sie durch Vermittelung von Riga nach Lübeck geschickt, um zu untersuchen wo sie verfertigt sei. Eisenach ward verklagt gefälschten Hopfen geliefert zu haben, und führte eine Gegenbeschwerde, daß in den Häringstonnen sich oben gute und unten faule Fische vorgefunden hätten. Die gegenseitige Ueberwachung diente dazu, dergleichen Betrug zu unterdrücken und den Credit der Hanse zu behaupten. Mit dem Handel blühte der Gewerbfleiß empor: denn die Naturproducte der fremden Länder wurden eingetauscht gegen die Arbeiten der deutschen Handwerker, welche mit feinem Sinn und reicher Erfindungsgabe die rohen Stoffe sowohl für den täglichen Bedarf als zum Schmuck der Frauen, der Waffenrüstung der Männer kunstgerecht zu formen und zu gestalten wußten. So erzeugte eine Thätigkeit die andere und brachte einen Wohlstand zuwege, dessen Früchte nicht bloß dem einzelnen, sondern auch den Gemeinden zu gute kamen. Des sind Zeugen die prächtigen Kirchen und die stattlichen Rathhäuser, welche unsere Vorfahren erbaut haben, ihren Städten zur Zierde und sich zu rühmlichem Gedächtniß.

Die gegenseitige Ueberwachung der verbündeten Städte und die gemeinsamen Anordnungen wurden meistens güt-

lich vereinbart: beharrte aber eine Stadt in Widerseß=
lichkeit, so diente der Hansebann dazu, sie gefügig zu
machen. Ich erwähnte bereits, daß Bremen wegen eines
bundbrüchigen Einverständnisses mit Norwegen, Braun=
schweig wegen der Empörung gegen den Rath der Stadt
verhanst, d. h. zeitweilig von jeglichem Geschäftsverkehre
ausgeschlossen wurden. Aehnlich verfuhr man gegen fremde
Länder. Wurden die Verträge verleßt und die deutschen
Kaufleute geschädigt, so ward der Verkehr mit einem
solchen Lande verboten. Mehr als einmal hat diese Han=
delsperre hingereicht, ohne Waffengewalt die Aufrechthal=
tung der Verträge zu erzwingen.

Das Band, welches die Hansen zusammenhielt und
sie stark machte, war die Treue gegen das gemeinsame
Vaterland: so lange sie diese bewahrten, durften sie der
Feinde spotten und des Erfolges ihrer Unternehmungen
gewiß sein. Wie entschieden sie es für ihren Beruf er=
kannten, das deutsche Volk und dessen Arbeit zu vertreten,
lehren u. a. ihre Schiffahrtsgeseße. Es war untersagt,
auf andern als auf deutschen Schiffen Waaren auszu=
führen und einzuführen: die Bemannung durfte nur aus
deutschen Seeleuten bestehen. Jedes Schiff war zum Kampf
mit Seeräubern bewaffnet und mußte so gebaut sein, daß
es auch zum Kriege dienen konnte.

Mit besonderer Sorgfalt wurden die auswärtigen
Comtore gepflegt und bewacht, denn auf ihnen ruhte ja
vorzüglich der Handelsertrag. Denkwürdige Zeugnisse
des ehrenfesten und klugen Sinnes der Hansen sind die
Ordnungen des deutschen Hofs von St. Peter zu Now=
gorod, welche in das 13. Jahrhundert hinaufreichen und

die Statuten des Stahlhofs zu London von 1437. Der
letztere umfaßte eine ansehnliche Zahl von Gebäuden ober=
halb der Londoner Brücke, Speicher, Geschäftsräume, Lä=
den, Festhallen, Gärten: das ganze war von einer Ring=
mauer umschlossen. Dort wohnten die Mitglieder der
Gilde, die Meister samt ihren Gesellen: an ihrer Spitze
stand ein Alderman, den die Meister alljährlich wählten:
diesem waren zwei Gehilfen und neun Beisitzer zugeord=
net. Die Meister waren verpflichtet ihre Waffen für den
Dienst der Stadt London in gutem Stande zu erhalten.
Der Alderman sprach Recht und handhabte strenge Zucht.
Weder Meister noch Gesellen durften Weiber haben;
Schimpfreden und Schläge wurden mit Geld gebüßt, Trun=
kenheit, Würfelspiel, Unkeuschheit nachdrücklichst geahndet.

Mehrere Menschenalter hindurch hat die Hanse die
deutschen Interessen zur See rühmlich und erfolgreich
vertreten, aber gegen Ende des vierzehnten Jahrhunderts
kündigte sich der Rückgang ihrer Macht an. So lange
die Städte einig waren, hatte es ihnen wenig geschadet,
daß sie an Kaiser und Reich keinen Rückhalt hatten. Aber
die wachsende innere Zerrüttung Deutschlands, die zu=
nehmende Rechtsunsicherheit, die ausschließliche Geltung
der Sonderinteressen wirkte auch auf die Hanse zurück.
Geraume Zeit hatte das Band gleicher Interessen sie
zusammengehalten, aber mehr und mehr traten die Män=
gel ihrer Verfassung hervor. Es fehlte ihnen die stän=
dige, von allen anerkannte Oberleitung, die unverbrüchliche
Eintracht, welche niemals aus Bündnissen gleichberechtigter
Genossen hervorgeht, sondern welche nur ein einheitlicher
Staat gewährleisten kann. Sowohl innerhalb der ein=

zelnen Bürgerschaften als zwischen Stadt und Stadt gieng
der Same der Zwietracht auf. Der sichere Bestand des
städtischen Regiments wurde durch Aufstände der Zünfte
erschüttert, Binnenstädte und nicht unmittelbar betheiligte
Seestädte entzogen sich ihren Verpflichtungen, die östlichen
und westlichen Städte entzweiten sich: und über ihnen
stand keine versöhnende und vermittelnde Macht, denn
der kaiserliche Hof erachtete es nicht seines Amtes, den
Bund zu stärken, an dem seine eigene Ohnmacht offen=
bar geworden war.

Während das deutsche Reich aus den Fugen gieng,
schlossen sich auswärtige Staaten fester zusammen. Walde=
mars Tochter Margaretha, eine Frau von männlichem Geiste,
vereinigte die Kronen von Dänemark, Norwegen und Schwe=
den auf ihrem Haupte, und wenn auch unter ihren schwachen
Nachfolgern die zu Calmar geschlossene nordische Union sich
wieder löste, so blieben doch Dänemark und Norwegen unter
einem Oberhaupte. Diese Fürsten unternahmen die Er=
oberung von Schleswig, das die Holsteiner mit standhafter
Ausdauer vertheidigten, trotz dem Kaiser Sigismund, der
den dänischen König begünstigte, trotz der schwankenden
Haltung der Hansestädte, bis diese schließlich einsahen, was
ihre eigene Sicherheit forderte, und hilfreiche Hand leisteten,
um Schleswig als ein Bollwerk Deutschlands zu behaupten.

In den nordischen Kriegen erlitt der deutsche Handel
vielfältige Einbuße: die Sicherheit der See ward durch die
kriegführenden Parteien und mehr noch durch die über=
hand nehmende Seeräuberei gestört. Vor allem waren die
sogenannten Vitalienbrüder seit 1390 ein Schrecken der
Kauffahrer. Es wäre ein leichtes gewesen, das Unwesen

auszurotten, wenn man mit gesamter Macht eingeschrit=
ten wäre. Aber nicht allein in Krieg begriffene Fürsten
schützten die Räuber, sondern selbst Hansestädte öffneten
ihnen Häfen und Märkte oder versagten den Dienst zu
ihrer Bekämpfung. So focht man mit den Köpfen der
Hydra: trotz einzelner Niederlagen erhoben die wilden Ge=
sellen immer frecher ihr Haupt. Als man endlich in der
Ostsee ihnen schärfer zusetzte, fuhren sie nach der Nordsee
und nisteten sich in Ostfriesland ein; Häuptlinge dieses
von Fehden zerrissenen Landes traten mit ihren Führern in
Bund. Wiederum wurden sie von einem Theile der Hansen
bekämpft, namentlich den Lübeckern, Hamburgern und Bre=
mern. Im Jahre 1400 wurden von den in der Ems ge=
fangenen Seeräubern 80 ersäuft, 30 mit dem Schwerte
gerichtet; 1402 gewannen bei Helgoland die Hamburger
einen vielgepriesenen Sieg und steckten die Köpfe von 150
Gefangenen, unter ihnen der gefürchteten Hauptleute Nico=
laus Stortebeker und Magister Wigbold, am Ufer der Elbe
auf. Aber gründlich geholfen ward nicht eher, als bis im
Jahre 1433 die Hamburger, Bremer und Oldenburger
Emden eroberten, mehrere Burgen brachen und in Ost=
friesland Frieden geboten. Seitdem bildeten die Seeräu=
ber wenigstens keine organisirte Macht mehr. Aber wie
schwer hatten es in diesen Zeiten die Städte zu büßen, daß
Kaiser und Reich für ihre Beschwerden kein Ohr oder zu
ihrem Schutze keine Waffen hatten.

Unter solchen Drangsalen verengerte sich der Ge=
sichtskreis der leitenden Städte. Der Bund war geschlos=
sen auf Grund der Gleichstellung aller deutschen Kauf=
leute. Allmählich jedoch legten es die wendischen Städte,

Lübeck an ihrer Spitze, darauf an, den Ostseehandel aus=
schließlich zu beherrschen, mindestens ein Stapelrecht zu
behaupten, und zwar nicht allein gegen die Flamländer
und Engländer, sondern ebenso gegen die westlichen Hanse=
städte, namentlich die holländischen. Darüber kam es zu
offenen Feindseligkeiten, welche zwar zu Zeiten verglichen,
aber doch nicht völlig gehoben wurden.

Das Band war zerrissen: zumal seit im Jahre 1433
die mächtigen Herzoge von Burgund ihre Landesherren
wurden, fühlten sich die Holländer stark genug, für sich
allein den Seehandel zu beherrschen und sonderten sich
immer mehr von Deutschland ab.

In der That schien alles sich zu vereinigen, um die
deutschen Ostseestädte herunterzubringen. Für sie war eine
Haupterwerbsquelle der Häringsfang an der Küste von
Schonen. Diese versiegte mit dem Jahre 1425; der Häring
nahm für längere Zeit fast ausschließlich seinen Zug in
die Nordsee, und bald erfüllten die Holländer mit der
reichen Ausbeute, die ihnen zufiel, die binnenländischen
Märkte.

Die preußischen Lande wurden, seitdem einmal in der
Schlacht bei Tannenberg 1410 die Ordensmacht dem
Heere des Polenkönigs Wladislav Jagiello unterlegen
war, durch innere Streitigkeiten zerrüttet, welche endlich
dahin führten, daß durch den Thorner Frieden von 1466
das ganze untere Weichselland, das heutige Westpreußen,
dem Polenreiche einverleibt und der Rest des Ordensge=
bietes der polnischen Krone lehnspflichtig wurde. Die
preußischen Städte selbst hatten durch ihre Auflehnung
den Fall der Ordensherrschaft gefördert, unbekümmert

darum, welchen Schaden die polnische Obergewalt dem
Lande bringen werde.

Die Schattenseiten polnischer Freiheit und polnischer
Wirthschaft wurden nicht sobald in ihrem ganzen Um=
fange wahrgenommen: Danzig zumal behauptete auf lange
hinaus eine hervorragende Stellung. Aber mit roher
Hand zerstörte ein russischer Gewalthaber die Schöpfun=
gen deutschen Fleißes. Großfürst Iwan III von Mos=
kau hatte den Freistaat Nowgorod unterjocht. Die
Bürger von Reval reizten seinen Zorn und er nahm
dafür Rache an den Deutschen zu Nowgorod. Im Jahre
1494 ließ er den Hof von St. Peter schließen, die Glocken
und Kleinodien und die Waaren, deren Werth man auf
96000 Mark schätzte, nach Moskau abführen und die
anwesenden Kaufleute, 49 an der Zahl, in Ketten legen,
unter ihnen Bürger von Lübeck und Hamburg, von
Münster, Bielefeld, Warburg, Unna, Dortmund, Duis=
burg. Das war ein vernichtender Schlag für diesen
Centralplatz des deutschen Handels in Rußland. Zwar
wurden nach Jahresfrist die Gefangenen, so viele ihrer
die Haft überstanden, aus dem Kerker entlassen, nach
zwanzig Jahren auch der Hof von St. Peter den Deutschen
zurückgestellt, aber er blieb veröbet; der Handel hatte
inzwischen andere Wege eingeschlagen.

Länger bot ein Theil der Hansestädte unter Lübecks
Führung den Dänenkönigen die Spitze. Ich erinnere
daran, daß der Schwede Gustav Wasa als Flüchtling
zu Lübeck Schutz fand: von den Lübeckern geleitet lehrte
er heim und befreite sein Vaterland von der Gewalt der
Dänen. Aber viel Gewinn hatte die Hanse von dem

Emporkommen der schwedischen Macht nicht, denn bald trat diese den Deutschen feindlich entgegen. Noch einmal unternahm Jürgen Wullenweber als Bürgermeister von Lübeck im Jahre 1534 bei Gelegenheit einer streitigen dänischen Königswahl die Macht im Norden wieder an die Städte zu bringen. Noch einmal schien die Hanse sich zu ermannen: ein Herzog von Mecklenburg, ein Graf von Oldenburg trat in ihren Dienst, mit glänzendem Erfolge ward der Krieg begonnen. Aber nicht lange so fiel Wullenweber, von seinen Mitbürgern verstoßen, den Feinden in die Hände und starb zu Wolfenbüttel am Rabensteine. Lübeck schloß Frieden mit dem neuen Könige Dänemarks.

Dies war der letzte Kampf der Hanse um die Herrschaft auf der Ostsee. Im Bunde mit Dänemark nahmen die Lübecker später noch Theil an einem Kriege gegen Schweden, der in den Jahren 1563—1570 geführt wurde, aber sie konnten nichts ausrichten. Von dem letzten Kriegsschiff, welches sie damals ausgerüstet, bewahrten sie das Modell in der Kaufleute-Compagnie, aus Planken desselben ward ein Tisch für den Rathskeller gezimmert, zu schmerzlichem Gedächtniß an den Verfall deutscher Seemacht im baltischen Meere.

Indessen war in Deutschland mit dem Augsburger Religionsfrieden von 1555 ein Landfriede von einer nie zuvor erhörten Dauer eingetreten und erzeugte einen Wohlstand, wie ihn so allgemein durch alle Stände verbreitet unser Vaterland nicht wiedergesehen hat. Ackerbau und Bergbau, Gewerbe und Kunstfleiß gab gesegneten Ertrag, im Handel und in der Schiffahrt wetteiferten die Deutschen nach wie vor mit den andern Nationen. Zwar der directe Verkehr mit Indien und der neuen Welt war ihnen verschlossen, aber der Zwischenhandel zwischen den Seehäfen von Portugal und Spanien und dem Norden war zum großen Theile in ihrer Hand. Denn wenn auch die früheren Vorrechte ihnen fast überall entzogen waren, so standen sie doch hinter den übrigen Kauffahrern nicht zurück. In Antwerpen errichteten sie sogar auf Grund der 1545 und 1563 geschlossenen Verträge ein neues Comtor und bauten 1564—1568 das großartige Hansehaus, „das Haus der Osterlinge," wie es die Flamländer nannten, auf dem ihnen überwiesenen Platze zwischen den beiden Hafenbassins. Noch genossen sie in England erhebliche Vorzüge, zu vielfältiger Beschwerde der einheimischen Kaufleute. Man versicherte, daß im Jahre 1551 die Hansen 44000 Stück Tuch aus England verschifft hätten, alle übrigen zusammen nur 1100 Stück. Man rechnete ihnen nach, daß sie allein bei diesem Artikel durch ihre Zollprivilegien jährlich im Durchschnitt einen Vortheil von 50000 L. St. voraushatten: es sei schimpflich, hieß es in den Berichten, daß ein paar Städte das ganze Königreich England unter dem Daumen halten. Dies Verhältniß konnte nicht fortbestehen: im Jahre 1579 hob die Königin Elisabeth die hansischen Freiheiten auf und stellte die Hanseaten in Ansehung des Zolles den andern Fremden gleich.

Aber noch blieb ihnen ihr Emporium, der Stahlhof zu London, bis die habsburgische Hauspolitik zum Bruche führte. Die Tage des Friedens in Deutschland giengen zur Neige: geschürt von den Spaniern und den Jesuiten

bereitete sich ein furchtbares Kriegsfeuer vor, dessen Heerd
Deutschland sein sollte. Kaiser Rudolf II diente den
Zwecken seines Oheims Philipps II von Spanien, als
er am 1. August 1597 die englischen Kaufleute aus
Deutschland auswies. Darauf antwortete Elisabeth mit
dem Befehle, daß die deutschen Kaufleute des Stahlhofs
England verlassen sollten. Sie machten Vorstellungen
und erhielten Frist bis zum 4. August 1598: dann aber,
lautet ihr Bericht, „seind wir entlichen, weil es immer
anders nit sein mügen, mit betrübniß unsers gemüts zur
Pforte hinausgegangen vnd ist die Pforte nach uns zu-
geschlossen worden; haben auch die Nacht nicht darin
wohnen mügen. Gott erbarm es!" Wohl hatten sie Ursache
zu klagen. Zwar die Gebäude des Stahlhofs gab Jacob I
ihnen wieder zurück, aber die Geschäftsverbindungen waren
zerrissen, die frühere Bedeutung des Hansecomtors zu
London war unwiederbringlich dahin.

Es kamen die unseligen Zeiten des dreißigjährigen
Krieges, welcher der Wohlfahrt des deutschen Volkes tie-
fere Wunden schlug als je ein anderer Krieg. Im Ver-
trauen auf ihre Uebermacht legten es damals die Habs-
burger von Spanien und Oesterreich darauf an, auch
die nördlichen Meere zu beherrschen; zur Basis ihrer
Unternehmungen gegen die freien Niederländer, die Engländer, die Dänen, eventuell auch gegen die Schweden
waren die hansischen Seestädte ausersehen. Diese flehten
Kaiser Ferdinand an ihnen Frieden zu gönnen: sie wahrten nach Möglichkeit ihre Neutralität, um ihre Schiffahrt
vor gänzlichem Untergange zu retten, aber dennoch er-
litten sie vielfältigen Schaden. Engländer und Holländer

störten die Fahrt nach Spanien: Dänemark steigerte will=
kürlich den Sundzoll: kam es doch dahin, daß die Lü=
becker Schiffe ihn doppelt zahlen mußten, während die
Schweden davon zu Zeiten ganz oder doch theilweise be=
freit waren. Bei solcher Unbill verkümmerte Lübeck und
sank auf ein Drittel der ehemaligen Einwohnerzahl herab.
Die rheinischen Städte verkamen, da die Holländer den
Rhein sperrten. Noch ein leuchtendes Beispiel des Hel=
benmuthes deutscher Bürger gab die Stadt Stralsund
1628 durch ihre standhafte Vertheidigung gegen den kai=
serlichen Feldherrn Wallenstein. Drei Jahre später er=
fuhr Magdeburg in schrecklicher Weise die Unmenschlich=
keit der kaiserlichen Soldateska. Das war ein Schlag
für das deutsche Bürgerthum überhaupt.

Damals wurden die auswärtigen Comtore, einst
die Quelle des Reichthums, den verarmenden Städten zu
einer Last: nur das eine und das andere unterhielten sie
noch in Hoffnung einer besseren Zukunft. In dem Hansa=
hause zu Antwerpen waren seit 1624 spanische Soldaten
einquartiert und verwüsteten es dermaßen, daß, als sie es
endlich 1647 räumten, von den 170 Kammern nicht eine
bewohnbar war und der Regen vom Dache bis in den
Keller drang. Die für die Herstellung veranschlagten
20000 fl. waren nicht zu erschwingen, nur ein kleiner
Theil der einst so prächtigen Residenz ward wieder in
wohnlichen Stand gebracht.

Der Städte, welche sich zu irgend einer Geldbeisteuer
bereit finden ließen, waren immer weniger geworden. Zu
Anfang des siebzehnten Jahrhunderts zählte man nur
noch vierzehn stimmfähige Hansestädte, welche zu den ge=

meinsamen Bedürfnissen nach einem bestimmten Verhält=
nisse beitrugen: Lübeck, Köln, Braunschweig, Bremen,
Hamburg, Rostock, Stralsund, Wismar, Danzig, Lüne=
burg, Stettin, Greifswald, Magdeburg, Hildesheim. Auch
von diesen zog sich eine nach der andern zurück oder ge=
rieth in fremde Gewalt: nur Lübeck, Hamburg und Bre=
men schlossen von neuem 1630 ein engeres Schutzbünd=
niß. Im Jahre 1669 versuchten sie auch andere Mit=
glieder des alten Bundes wieder heranzuziehen. Lübeck
lud noch einen Hansetag in seine Mauern. Diesen be=
schickten außer jenen drei Städten nur Köln, Braunschweig
und Danzig; Rostock, Minden und Osnabrück ließen sich
durch Lübecker Rathsherrn vertreten. Unter anderm han=
delte es sich um den Wiederaufbau des im großen Lon=
doner Brande von 1666 zerstörten Stahlhofs. Aber
man konnte sich über die erforderlichen Beiträge so wenig
wie über andere gemeinsame Maßregeln verständigen: es
kam kein Beschluß zu Stande. Achtzehn Sitzungen wur=
den abgehalten, dann gieng man unverrichteter Dinge
auseinander. Das war vor nunmehr 200 Jahren der
letzte Hansetag.

Die drei Städte haben bis zu unseren Tagen treu zu
einander gehalten als die letzten ehrenwerthen Vertreter
des einst so mächtigen Bundes. Sie bauten auch den
Stahlhof wieder auf; erst im Jahre 1853 haben sie für
73500 L. St. dieses hansische Besitzthum veräußert.

Die Hanse ist gesunken mit dem alten Reiche deut=
scher Nation, aber, Gott sei Dank, der Geist, der in ihr
lebte, ist nicht untergegangen. Aus der Unterdrückung,
Zersplitterung und Verwahrlosung hat unser Volk sich

emporgerungen zu jugendfrischem Leben, und unsere See=
städte sind mit rühmlicher Thatkraft vorangegangen. Ihre
Bürger haben beharrlich neue Wege des Handels und
Verkehrs aufgesucht und dem Binnenlande Absatz in die
Ferne eröffnet. Es ist kein Meer, an dessen Gestaden
nicht deutsche Schiffe willkommen wären und wo nicht
deutsche Kaufleute geachtete Häuser begründet hätten. Wie=
derum wie vor Alters fördern sich wechselseitig unser
Handel und Gewerbfleiß. Und den Schutz, welchen der
Hansebund seinen Angehörigen nicht ausreichend zu ge=
währen vermochte, bietet jetzt das unter Preußens Königen
geeinigte Deutschland. Ihnen verdankt das deutsche Volk die
Herstellung eines durch keine Zollgrenzen durchschnittenen
einheitlichen Handelsgebiets, die Grundlage für Verträge,
welche uns in den Stand setzen, in freiem Verkehr mit
allen Völkern der Erde zu wetteifern. Mit der Stiftung
des norddeutschen Bundes sind die Sonderinteressen, welche
die Hanse zu Falle brachten, dem Gemeinwohle Aller un=
tergeordnet: unter einer Flagge, in der mit dem schwarz=
weißen Banner der Hohenzollern das Roth und Weiß der
Hanseaten sich vermählt, durchkreuzen jetzt unsere reich=
beladenen Schiffe die Meere von einem Ende der Erde
zum andern, und unsere junge Marine wacht über die
Sicherheit unserer Küsten und unserer Schiffahrt. So
ist, was unsere hochherzigen Vorfahren in der Hanse er=
strebten, nach langer Schmach und harten Prüfungen
unseres Volkes mit Gottes Hilfe zu einem höhern Ziele
hinausgeführt worden.

Die Hohenzollern und die norddeutsche Marine.

Rede zur Feier des Geburtstages Seiner Majestät des Königs am 22. März 1869 gehalten in der Aula der Rheinischen Friedrich-Wilhelms-Universität.

Wenn heute die Angehörigen der rheinischen Friedrich=Wilhelms=Universität und mit ihnen die Freunde der akademischen Studien sich in diesen festlichen Räumen zur Feier des Geburtstages Seiner Majestät des Königs versammeln, so durchdringt uns alle, des bin ich gewiß, ein Gefühl besonderer Freudigkeit. Denn wem unter uns stände es nicht in frischer dankbarer Erinnerung vor der Seele, wie unser König mit der Königin und dem Kronprinzen die Stiftungsfeier unserer Universität mit Seiner Gegenwart auszeichnete, wer gedächte nicht des unvergeßlichen Moments, als inmitten der Festrede von den akademischen Fahnen her und den Reihen der Commilitonen anhebend aus dem Munde der versammelten Festgenossen der Jubelruf: Hoch dem Könige! erscholl. Solche Tage bezeugen vor der Welt, wie unser König die von Seinem in Gott ruhenden Vater zum Dienste der Wissenschaften begründeten Stiftungen hochhält, und wie die Universität zu unserem Königshause steht; sie knüpfen die persönlichen Beziehungen fester und inniger, sie geben den Gesinnungen der Treue und der gewissenhaften Pflichterfüllung höheren Schwung und Weihe.

Aber nicht allein was wir im engeren Kreise erlebt und erfahren haben stimmt uns zur Freude, sondern in nicht minderem Grade der Hinblick auf das königliche Walten in unserem großen Vaterlande. Als ich vor drei Jahren an diesem Tage die Ehre hatte, den Gefühlen der akademischen Corporation Ausdruck zu leihen, da schien es an der Zeit zu sein, uns für die bevorstehenden Prüfungen zu stärken in der Betrachtung der überkommenen Aufgaben des preußischen Staates und das Bewußtsein in uns zu befestigen, daß in dem Wechsel der Zeiten die erlauchten Hohenzollern mit ihrem Volke immer wiederum höheren Zielen nachgestrebt und größere Aufgaben erfüllt haben. Denn von allen Seiten des Landes wurden Stimmen der Zaghaftigkeit, des Mistrauens und des Parteigeistes laut, während zahlreiche Feinde sich waffneten und im Finstern schleichender Haß auf den Tag lauerte, da der Fall der Macht Preußens seinen frevelhaften Ränken Raum geben werde.

Diese Prüfung ist mit Gottes Hilfe glorreich bestanden. Der König und die Prinzen des königlichen Hauses zogen an der Spitze des treuen Heeres, „der Kraft des Vaterlandes," hinaus zum Siege. Mit diesem Siege der preußischen Waffen ward das deutsche Volk frei von den Fesseln, in welche eine verknöcherte Cabinetspolitik sein nationales Leben schlug, und der Zersplitterung seiner Kräfte ward ein Ende gemacht. Sind auch noch nicht alle trennende Schranken gefallen, so bilden doch für die wesentlichen Zwecke der Sicherheit und der wirthschaftlichen Entwickelung die deutschen Lande bis zu den Grenzen der österreichisch-ungarischen Monarchie ein Ganzes, stark genug auswärtigen Feinden zu widerstehen und Landesverräther zu zermalmen.

Noch stehen wir in den Anfängen unseres deutschen Bundesstaates und einer einheitlichen Gesetzgebung, deren Früchte nicht in Jahresfrist reifen. Noch schaut mancher mit wehmüthigem Gefühle auf die engeren Verhältnisse zurück, welche ihm in ihrer Beschränkung selbst werth und durch lange Gewohnheit ehrwürdig geworden sind. Aber in einem Stücke besteht unter vaterlandsliebenden Männern keine Meinungsverschiedenheit. Wer ein deutsches Herz im Busen trägt, kann nicht anders als mit aufrichtiger Freude hinblicken auf die einheitliche Vertretung der nationalen Interessen im Auslande und auf den Schutz, den die gemeinsame Flagge unserer Schiffahrt und unserem Handel gewährt. Darum glaube ich einen unserer heutigen Feier nicht unangemessenen Gegenstand zu wählen, wenn ich die Verdienste der Hohenzollern um die maritimen Interessen Deutschlands zur Sprache bringe. Ist doch der freie und sichere Verkehr wie auf dem Lande so zur See eine Grundbedingung nicht allein für den Wohlstand, sondern eben so sehr auch für die Bildung einer Nation. Ein Volk, welches die Ausfuhr seiner Erzeugnisse und die Zufuhr der Waren, die es von auswärts bezieht, Fremden preisgibt, wird nicht bloß wirthschaftlich ausgebeutet, sondern es entbehrt zugleich der wirksamsten Hebel seiner Bildung und seiner Thatkraft; es beharrt auf einer niederen Stufe oder sinkt in Stumpfsinn zurück. Seefahrende Völker haben von jeher an der Spitze der Culturbewegung gestanden.

Das deutsche Bürgerthum hatte im Mittelalter ein weites Handelsgebiet beherrscht, aber die den nationalen Aufgaben entfremdete Kaiserpolitik hatte es um die müh-

sam errungene Stellung gebracht, und mit dem dreißigjährigen Kriege war vollends Verarmung und Schußlosig-
keit sein Loos geworden. Gerade in diesem tiefsten Ver-
falle des deutschen Wesens unternahm der große Kurfürst
Friedrich Wilhelm von Brandenburg die Gründung einer
Marine und zeichnete auch hier die Bahn vor, auf der
seine Nachfolger von der Bildung eines preußischen Staates zur Wiedergeburt des deutschen Staates fortgeschritten
sind.

Trostlos in der That war der Zustand, in welchem
Deutschland daniederlag. Die natürlichen Verkehrsadern,
die Landstraßen und die Flüsse, willkürlich unterbunden
durch hundertfältige Zollstätten, die Mündungen unserer
Ströme alle in fremder Hand, zumal der Rhein ge-
sperrt durch die Holländer, in Friedenszeiten von den
Weltmeeren und dem Verkehr mit Indien und Amerika ausgeschlossen durch das Prohibitivsystem der Co-
lonialstaaten, vom Mittelmeere durch die Seeräuberei
der Barbaresken, von dem Zwischenhandel in Europa
durch die Schiffahrtsgesetze, in denen Ausschließung der
Fremden der leitende Grundsatz war, den in höchster
Schärfe England durchführte; vollends in Kriegszeiten
unaufhörliche Vergewaltigung der neutralen Schiffahrt
durch die Caperschiffe und ausländischen Prisengerichte.
War es da ein Wunder, daß die völlig wehr- und schutz-
lose deutsche Schiffahrt verkümmerte? Und so wollten es
die andern Nationen. Im Jahre 1662 suchten die Hamburger darum nach, gegen eine jährliche Zahlung in den
Vertrag der Generalstaaten mit Algier aufgenommen zu
werden. Vergebens; denn die Hochmögenden befanden, „der

Abgang und Schade des Geschäfts zu Hamburg wegen mangelnden Schutzes gereiche Holland zum Vortheil." Als auf dem letzten Hansetage 1669 Lübeck fragte, ob es nicht gut sein möchte, bei fremden Potentaten um Handelsfrei= heiten nachzusuchen, antwortete Bremen, das heiße nur Geld nach bösen werfen, und es unterblieb.

Fürwahr es gehörte Muth dazu, den ersten Schritt zu thun, um für die deutsche Schiffahrt freieren Spielraum zu erobern. Der große Kurfürst richtete von allem An= fange darauf seinen Sinn: nicht umsonst hatte er seine ersten Lehrjahre in Holland zugebracht. Kraft der Erb= verträge und der geleisteten Erbhuldigung sollte ihm das erledigte Herzogthum Pommern zufallen: es erfüllte ihn der Gedanke, damit der Mark Brandenburg den Ober= strom zu öffnen und Stettin zu einem Hafenplatze ersten Ranges zu erheben. Aber die Schweden hatten auf das Land Beschlag gelegt und forderten es als Entschädigung. Sie bestanden auf Rügen und Vorpommern nebst Stettin und den Obermündungen. Kaum daß sie das hafenarme Hinterpommern dem Kurfürsten einräumten: für das übrige vermochte er nichts als eine Abfindung im Binnenlande, die Fürstenthümer Magdeburg, Halberstadt und Minden, zu erlangen. Vielen erschien dieses Aequivalent reichlich bemessen, aber wie gerne hätte Friedrich Wilhelm es für die Oder und die Seeküste hingegeben. Einmal über das andere bot er der Krone Schweden jene Fürstenthümer und noch zwei Millionen Thaler obendrein, wenn sie ihm ganz Pommern überließen. Das Anerbieten des Kurfürsten ward von dem Kanzler Oxenstjerna mit herben Worten abgewiesen und bei der schließlichen Grenzregulierung das schwedische Gebiet im Osten des Stettiner Haffs noch über die Bestimmungen des Osnabrücker Friedens hinaus er=breitert.

Während diese Verhandlungen obschwebten, war Fried=rich Wilhelm schon darauf bedacht, der brandenburgischen Schiffahrt den Weg zu eröffnen und das Ziel zu geben. Am 14. November 1647 schloß er mit König Christian IV von Dänemark einen Vertrag, durch welchen die den Nie=derländern gewährte Ermäßigung des Sundzolls auch auf die brandenburgischen Schiffe ausgedehnt ward. Im Mai 1651 kam ein weiterer Vertrag hinzu über Abtretung der dänischen Colonie an der Küste Coromandel, des Forts Dansburg nebst der Stadt Trankebar und Gebiet, zum Zwecke der Errichtung einer ostindischen Handelscompagnie, an welcher der König von Dänemark nomine privato seine Betheiligung mit einem Capital von wenigstens 100000 Thalern vorbehielt.

Die widrigen Zeitumstände und die Erschöpfung seiner Finanzen nöthigten den Kurfürsten, von diesem Vertrage zurückzutreten. Es vergiengen fünfundzwanzig Jahre, ehe er wieder auf Unternehmungen zur See denken konnte. Es war während des 1672 von Ludwig XIV begonnenen nie=derländischen Kriegs. Damals bekannten die General=staaten dankbar, daß, als sie von aller Welt verlassen ge=wesen, Friedrich Wilhelm allein sich ihrer angenommen: sie betheuerten, sie und ihre Nachkommen würden ihm das nie vergessen. Aber als im Jahre 1674 die Schweden, durch französische Subsidien gedungen, in die Mark Brandenburg einfielen, während der Kurfürst mit seinen Truppen beim Reichsheere im Elsaß stand, da zeigte es sich alsbald, daß

die Holländer kein höheres Gebot kannten, als das ihres
Eigennußes. Sie blieben mit ihren vertragsmäßigen Zah=
lungen in Rückstand: sie erklärten nicht eher, als nachdem
die Brandenburger bei Fehrbellin gesiegt hatten, den Krieg
an Schweden, und zwar mit Vorbehalt ungestörten Han=
delsverkehrs. Friedrich Wilhelm hatte, um Schweden zu
schädigen, Caperbriefe an Niederländer ertheilt und die
Generalstaaten ersucht, die committierten Räthe von See=
land mit dem Prisengerichte zu betrauen: aber die Hoch=
mögenden wiesen auf der Stelle, ohne vorherige Rücksprache
mit dem Kurfürsten, die Admiralität von Seeland an, die
bereits genommenen schwedischen Schiffe und die, welche
etwa noch ferner aufgebracht würden, kostenfrei den Eigen=
thümern zurückzustellen und schlossen inmitten des Kriegs
einen neuen Handelsvertrag mit Schweden ab.

Friedrich Wilhelm entschädigte seinen Commissar, Ben=
jamin Raulé von Middelburg auf Seeland, für den erlit=
tenen Verlust, nahm ihn als Marinedirector in seinen
Dienst und berief ihn 1676 mit drei Fregatten und meh=
reren kleinen Fahrzeugen nach der Ostsee. Diese Flottille
hielt sich wacker: Raulé überbrachte dem Kurfürsten die
Flaggen von drei eroberten schwedischen Kriegsschiffen, zu=
sammen von 48 Kanonen. Im nächsten Jahre ward die
kurfürstliche Marine dazu verwandt, Transporte aus Preu=
ßen zu decken, an der schwedischen Küste zu kreuzen und
Stettin zu blockieren. Es waren eilf Fregatten und zwei
Galeeren, welche zur Eroberung der wichtigen Oderfestung
wesentliche Dienste leisteten. Nun galt es die Belagerung
von Stralsund, für welche der Besitz von Rügen die Basis
bildete. Friedrich Wilhelm brachte an der pommerschen

Küste für die Ueberfahrt seiner Truppen 350 Fahrzeuge zusammen, gieng unter dem Schuße von zehn seiner Kriegs= schiffe und zwei dänischen am 23. September 1678 bei Putbus ans Land, vertrieb die Schweden von Rügen, nahm am 27. September die Insel Dänholm, den Schlüssel des Stralsunder Hafens, und war einen Monat später Herr der Festung, an der sich fünfzig Jahre zuvor Wallensteins Uebermuth gebrochen hatte. Pommern war den Schweden entrissen. Noch in demselben Winter jagte Friedrich Wil= helm die Schweden aus Preußen heraus und verfolgte die Trümmer ihres Heeres bis in die Gegend von Riga.

Aber bereits hatten zuerst die Generalstaaten, dann Spanien und der Kaiser, zu Nimwegen auf Brandenburgs Unkosten mit Ludwig XIV Frieden gemacht und dabei die Bestimmung getroffen, daß für die von Frankreich ge= währte Räumung spanisch = niederländischer Provinzen Schweden seine deutschen Besißungen zurückempfangen solle. So brachten sie Friedrich Wilhelm um den Preis seiner Siege. Entrüstet über seine Bundesgenossen unter= hielt der Kurfürst während der nächsten fünf Jahre gu= tes Einvernehmen mit Ludwig XIV von Frankreich, den er bisher nach Kräften bekämpft hatte, und fand in Bünd= nissen mit diesem Monarchen einen Rückhalt für weitere Unternehmungen zur See. Er faßte den Entschluß, sein Geschwader aus der Ostsee auslaufen zu lassen, um so= wohl von Spanien rückständige Subsidien einzutreiben, als an der Küste von Guinea eine Handelsstation zu gründen.

Die Krone Spanien schuldete dem Kurfürsten gemäß dem 1674 geschlossenen Subsidientractate 1,800000 Thaler, und dieser hatte um so triftigeren Grund auf Zahlung zu bringen, da seiner glücklichen Kriegführung gegen die Schweden die Rückgabe der spanischen Niederlande verdankt wurde. Aber er mahnte vergebens. Im Jahre 1676 ersuchte er Karl II von Spanien außer um die Zahlung auch um die Erlaubniß, jährlich ein oder zwei Schiffe nach dem spanischen Amerika schicken zu dürfen. Diese ward rundweg verweigert, über jene erklärte der König nur: „ich werde sehn (io lo verre)"; spätere Mahnungen blieben unbeantwortet oder wurden von dem königlichen Stabthalter zu Brüssel stolz und höhnisch abgelehnt.

Einen solchen „unleiblichen Affront" wollte sich Friedrich Wilhelm nicht bieten lassen. Nachdem er sich bei Dänemark der Durchfahrt durch den Sund, bei Ludwig XIV und Pabst Innocenz XI der Aufnahme seiner Schiffe in die Häfen Frankreichs, des Kirchenstaats und der Insel Malta versichert hatte, ließ er im August 1680 sechs Fregatten mit 143 Kanonen und einer Besatzung von 700 Mann unter Cornelis van Beveren von Pillau nach dem Canal fahren, um an den Spaniern Repressalien zu nehmen. Dieses Geschwader brachte vor Ostende ein großes spanisches Kriegsschiff auf, den Carolus II, mit einer reichen Ladung an Brabanter Spitzen und Leinwand. Während dies unter Geleit einer Fregatte nach Preußen abgeführt wurde, setzten die übrigen Schiffe ihre Kreuzfahrten fort. Sie segelten nach dem Busen von Mexiko, wo sie minder erhebliche Beute machten: dann wandten sie sich nach Europa und lauerten bei Cap S. Vicente der Silberflotte auf. Eine so unerhörte Kühn-

heit bewog die spanische Regierung zwölf Galionen aus=
zusenden. Mit diesen unterhielten die fünf kurfürstlichen
Schiffe zwei Stunden lang das Gefecht, dann suchten sie
Zuflucht in dem portugiesischen Hafen Lagos und kehrten
zu Ende 1681 wieder nach Pillau zurück.

Die Seerüstung eines deutschen Fürsten machte unge=
heures Aufsehen. Die Schweden bestritten ihm das Recht
einer Admiralitätsflagge: diese stehe nur Mächten zu,
welche Herren des Meeres seien; sie suchten die dänische Re=
gierung zu überreden, den brandenburgischen Kriegsschiffen
den Sund zu sperren. Die Generalstaaten, welche eben=
falls beim Kurfürsten mit Zahlungen im Rückstande
waren, befürchteten einen Augenblick gar eine Landung
in Seeland. Hierüber beruhigt suchten sie den Streit
mit Spanien zu vermitteln, riefen aber durch öffentliche
Placate alle ihre Unterthanen aus dem kurfürstlichen
Dienste ab. Friedrich Wilhelm nahm die Vermittlung
an, aber drohte auch seinerseits seine Unterthanen aus
dem niederländischen Kriegsdienste abzurufen, worauf die
Generalstaaten einlenkten.

Die Vermittelung am spanischen Hofe hatte lange
keinen Erfolg. Zwar bereute man, dem Kurfürsten früher
nicht entgegengekommen zu sein, man tadelte das Be=
nehmen des Statthalters zu Brüssel; aber der spanische
Hof besorgte, wenn er Brandenburg nachgebe, so würden
auch seine übrigen Gläubiger ebenso verfahren, und dann
werde die Schwäche Spaniens, welche man bisher vor
dem Auslande verborgen habe, allzu grell hervortreten.
So schleppten sich die Verhandlungen hinaus. Friedrich
Wilhelm stellte mit dem Jahr 1681 die Feindseligkeiten

ein, ließ aber schließlich die gemachten Prisen versteigern: den „Carolus II", aus dessen Ladung gegen 100,000 Thaler gelöst waren, kauften die Spanier 1687 gegen baare 17000 Thaler zurück.

Während der Händel mit Spanien entspann sich zwischen Friedrich Wilhelm und den Niederländern ein Zwist über den afrikanischen Handel. Um diesen bewarben sich damals alle seefahrenden Nationen Europas, nicht sowohl wegen des Goldes, des Elfenbeins und anderer Erzeugnisse Afrikas, als wegen des Sklavenhandels nach den westindischen Colonien. Die Generalstaaten hatten dafür die holländisch-westindische Compagnie privilegiert. Den Directoren dieser Compagnie meldete der brandenburgische Marinedirector Raulé im Jahre 1680, daß der Kurfürst nach der Küste von Guinea und Angola zwei Fregatten senden werde, um dort Handel zu treiben, mit der Versicherung, daß man der westindischen Compagnie nicht zu nahe treten und nirgends sich eindrängen werde, wo diese Besitzungen habe. Aber die Holländer wollten den neuen Mitbewerber nicht aufkommen lassen. Zwar konnten die Generalstaaten nicht in Abrede stellen, daß das Privilegium der Compagnie nur die derselben nicht angehörenden Niederländer von dem ganzen Gebiete des Privilegiums ausschließe, fremde Nationen nur von den Gebieten, welche die Compagnie erobert oder gekauft habe, aber sie boten doch alles auf, um den Kurfürsten von seinem Vorhaben abzubringen. Dieser bestand jedoch auf seinem Rechte. Zwei Schiffe, das „Wappen von Brandenburg" und der „Morian", fuhren nach der Goldküste, und deren Capitäne schlossen

am 16. Mai 1681 mit drei Negerhäuptlingen einen
Vertrag wegen Ueberlassung eines Plates zur Anlegung
eines Forts und wegen freien Handels daselbst. In acht
bis zehn Monaten versprachen sie zurückzukehren und
ließen zum Unterpfande eine brandenburgische Flagge
zurück.

Das war der westindischen Compagnie zu viel: sie
ließ auf die kurfürstlichen Schiffe Jagd machen und
brachte das „Wappen von Brandenburg" auf: hinterdrein
leugneten die Directoren jede Kenntniß von diesem Vor=
gange ab. Friedrich Wilhelm aber forderte Rückgabe des
Schiffs und vollen Schadenersat: zugleich verlangte er
genaue Bezeichnung der Grenzen des Compagniegebietes.
Die Holländer erboten sich zur Genugthuung, sobald die
Thatsache erwiesen sei, und nahmen für die Compagnie
die Goldküste in einer Ausdehnung von gegen 100 Meilen
Länge in Anspruch, „ausgenommen die wenigen Pläte,
welche daselbst von der englischen und dänischen Com=
pagnie beseßt seien." Darauf gab der Kurfürst eine stolze
Antwort. Er erklärte, die Forderung, daß andere Mächte
auf der ganzen Strecke, welche von der Compagnie in
Anspruch genommen werde, keinen Handel treiben dürften,
laufe wider das Völkerrecht, wider die natürliche Freiheit,
wider dasjenige, was Unterthanen der Staaten öffentlich
im Druck von der freien See publiciert, ja wider die
eigenen Maximen, welche die Staaten gegen andere gel=
tend gemacht. Er drohte den Hochmögenden, „daß Wir
„Uns mit vorgeblichen Ausflüchten nicht länger aufhalten
„lassen, sondern die Uns gebührende Satisfaction best wir
„können suchen werden." ·

Die Holländer fuhren fort den Kurfürsten hinzuhalten : ihr Gesandter verließ den brandenburgischen Hof. Friedrich Wilhelm dagegen stiftete eine afrikanische Compagnie und erhielt für dieselbe von Ludwig XIV in der am 22. Januar 1682 geschlossenen Defensivallianz die Versicherung jeder Art von Gunst, Schutz und Beistand, falls ihre Schiffe von irgendwem gegen das Völkerrecht angegriffen werden sollten. Im Juli 1682 giengen wiederum zwei Fregatten von Hamburg nach der Goldküste unter Segel und am 5. Januar 1683 schloß Otto Friedrich von der Gröben im Namen und Auftrag des Kurfürsten einen förmlichen Schutzvertrag mit den Negerhäuptlingen ab. Er legte zunächst das Fort Großfriedrichsburg an, in zweckmäßiger Lage, eine Meile westlich vom Cap der drei Spitzen : gemäß später geschlossenen Verträgen ward bei Accaba das Fort Dorothea erbaut, ferner das Fort Taccarari. Die Holländer hatten sich in diesen Gegenden so verhaßt gemacht, daß die Eingebornen die Brandenburger willig aufnahmen. Im Jahre 1684 ward ein Negerhäuptling nach Berlin abgeordnet um eine Huldigungsacte zu überreichen und des kurfürstlichen Schutzes feierlichst versichert. Außer diesen Plätzen an der Goldküste ward 1687 auch auf der Insel Arguin in der Nähe des weißen Vorgebirges ein Fort angelegt, welches mit 40 Geschützen ausgerüstet ward, eine namentlich für den Gummihandel wichtige Station.

Der Beharrlichkeit des Kurfürsten fügten sich endlich die Holländer, um sich seines guten Willens für einen neuerdings drohenden Krieg zu versichern. Am 23. August 1685 ward im Haag der Vertrag unterzeichnet, in welchem die Generalstaaten sich verpflichteten, für ihre Rückſtände und als Entſchädigung für das „Wappen von Brandenburg" 440000 Thlr. zu bezahlen. Um ſernere Händel zwiſchen der brandenburgiſch=afrikaniſchen und hol= ländiſch=weſtindiſchen Compagnie zu verhüten ward be= ſtimmt, daß unverzüglich von Deputierten beider Theile ein Reglement aufgerichtet werden ſolle.

Damit war den Holländern das Anerkenntniß der Berechtigung eines deutſchen Staates, in Afrika Handel zu treiben und Colonien anzulegen, abgedrungen worden. Noch in demſelben Jahre (1685 Nov. 24) ſchloß Friedrich Wilhelm mit der däniſch=weſtindiſchen Compagnie einen Vertrag wegen der Niederlaſſung brandenburgiſcher Un= terthanen auf der däniſchen Inſel St. Thomas in Weſt= indien und der Errichtung eines Handelscomtors daſelbſt.

Inzwiſchen war auch ein Hinderniß gehoben, welches die überſeeiſchen Unternehmungen des großen Kurfürſten erſchwert hatte, die Lage ſeiner Häfen am baltiſchen Bin= nenmeere, in Hinterpommern und Oſtpreußen. Denn nicht allein daß deren Seeverkehr während der Winter= monate unterbrochen ward und die Durchfahrt zur Nord= ſee langwierig und gefährlich war, es laſtete darauf auch der Sundzoll, und die brandenburgiſche Marine hieng von der Freundſchaft Dänemarks ab. Daher erſchien es als ein großer Gewinn, daß ſich ihr 1683 der Hafen von Emden öffnete.

Seit Menſchengedenken lagen die Stände von Oſt= friesland mit den Fürſten aus dem Hauſe Cirkſena in Streit: dieſe hatten den Kaiſer angerufen, jene fanden wirkſameren Schutz bei den niederländiſchen Generalſtaaten. Dies Verhältniß änderte ſich im Jahre 1680: es gelang

der regierenden Fürstin unter Fürsprache Wilhelms von
Oranien die Generalstaaten für sich zu gewinnen, die
Stände dagegen vermochten den Kaiser, dem Kurfürsten
von Brandenburg, dem Pfalzgrafen von Jülich und dem
Bischof von Münster ein Conservatorium zu ihren Gunsten
zu übertragen. Friedrich Wilhelm suchte zuerst gütlich
zu vermitteln: als jedoch die Fürstin seine billigen Vor=
schläge verwarf, sandte er im November 1682 im Ein=
verständniß mit den Stimmführern der Stände ein paar=
hundert Mann Soldaten von der Elbe aus nach Gretsiel
an der Emsmündung, und schloß darauf mit den Ständen
einen Vertrag, durch welchen er sich zu ihrem Schutze
anheischig machte.

Fortan geboten die Niederländer nicht mehr in Ost=
friesland. Unter der Schirmhoheit der Hohenzollern begann
für das von seinem früheren Wohlstande längst herunter=
gekommene Land eine bessere Zeit. Namentlich für seine
Schiffahrt. So lange niederländische Garnison in ostfrie=
sischen Städten lag, waren in Kriegszeiten deren Schiffe
von den Feinden der Niederlande gleich den niederlän=
dischen gecapert und für gute Prisen erklärt worden: an
den niederländischen Handelsprivilegien aber hatten die
Ostfriesen keinen Theil, sondern wurden in Holland selbst
als Fremde behandelt. Dagegen bot ihnen der große
Kurfürst seine Gunst und seine Fürsorge. Am 22. April
1683 ward zu Berlin ein Handels= und Schiffahrts=
vertrag des Kurfürsten mit den ostfriesischen Ständen
unterzeichnet, welcher den Bedürfnissen beider Theile in so
einsichtiger Weise gerecht wurde, wie es zu jenen Zeiten
in Deutschland beispiellos ist. Friedrich Wilhelm nahm

die oſtfrieſiſchen Schiffe, welche ſich mit kurfürſtlicher Flagge
und Seepäſſen verſahen, unter ſeinen Schuß, insbeſon=
dere für eintretende Seekriege ; er verſprach ihnen bei
Dänemark in Betreff des Sundzolls gleiche Behandlung
mit ſeinen Unterthanen auszuwirken, ſtellte ſie dieſen hin=
ſichtlich der brandenburgiſchen Zölle gleich, geſtattete ihnen
mit gewiſſen Vortheilen in den kurfürſtlichen Landen Schiffe
zu bauen, und gewährte ihnen für die Fahrten nach ſeinen
Häfen Prämien : endlich verlegte er den Hauptſiß der afri=
kaniſchen Compagnie nach Emden. Die oſtfrieſiſchen Stände,
beziehentlich die Stadt Emden, geſtanden dagegen den
handeltreibenden Unterthanen des Kurfürſten alle Frei=
heiten der dortigen Bürger und Eingeſeſſenen zu, geſtat=
teten dem Kurfürſten ein Magazin anzulegen zur Aus=
rüſtung ſeiner Kriegs= und anderen Schiffe und verſchrieben
ihm einen Antheil an dem Mehrertrag der Hafenzölle.

Gemäß fernerer Uebereinkunft betheiligten ſich die
oſtfrieſiſchen Stände mit 24000 Thlr. zu einem Drittel
an der afrikaniſchen Compagnie. 1684 ward eine kur=
fürſtliche Marinecompagnie zu Emden errichtet, welche
ſpäter zu einem Bataillon verſtärkt wurde, das Jahr
darauf unter dem Vorſiße Johanns von Danckelmann
ein kurfürſtliches Abmiralitätscollegium daſelbſt niederge=
ſeßt. Den Etat ſeiner Marine — er unterhielt ſchließlich
zwölf Kriegsſchiffe — beſtimmte der Kurfürſt auf jährlich
60000 Thlr.

Es ward lebendig in den oſtfrieſiſchen Häfen, aber
ſollte der Verkehr ſich geſund entwickeln, ſo mußte man
ihn nach dem Binnenlande freiſtellen. Friedrich Wilhelm
nahm darauf Bedacht, den Handel Weſtfalens und der

Rheinlande, namentlich die Ausfuhr von Wein, Getreide und Leinwand, nach der Ems zu leiten, welche zu dem Ende weiter aufwärts schiffbar gemacht werden sollte. Eine Vorbedingung dazu war die Ermäßigung der Binnen= zölle: Friedrich Wilhelm war für seine rheinisch=westfälischen Lande dazu bereit, wenn der Kurfürst von Köln ein glei= ches thue. Dieser aber weigerte sich und ließ sich nur dazu herbei, auch seinerseits sich mit 24000 Thlr. an der afrikanischen Compagnie zu betheiligen.

Friedrich Wilhelm hatte das Recht seiner Unterthanen und der seinem Schutze befohlenen Ostfriesen am See= handel zur Anerkennung gebracht und die Wege gezeigt, wie dieser auch für andere deutsche Lande fruchtbringend werden konnte. Aber sein Beispiel fand keine Nachfolge und damit vergieng auch was er begonnen hatte. Eine privilegierte Handelscompagnie und überseeische Colonien konnten nur unter dem Schutze einer starken Marine und eines mächtigen Staates gedeihen, dessen Häfen die Pforten eines großen Handelsgebietes bildeten: das zersplitterte Deutschland stellte ihnen nur Hindernisse entgegen, und Brandenburg behauptete unter Friedrich III das Ansehen nicht, welches sein großer Vater errungen hatte. Die Streitigkeiten mit der mächtigen holländisch=westindischen Compagnie erhoben sich von neuem: schon 1688 nahm diese Accaba und Taccarari weg, und auch um Groß= Friedrichsburg ward gestritten. Der wiederausbrechende Krieg mit Frankreich und mancherlei andere Unglücksfälle brachten die Compagnie ins Verderben. 1691 wurden die Activa und Passiva der älteren Compagnie von einer neuen, meist aus Holländern bestehenden Gesellschaft über=

nommen. Dieser bewilligte der Kurfürst einen jährlichen
Zuschuß von 12000 Thlr. und überwies ihr die von
seinem Vater hinterlassenen Kriegsschiffe. Sie verglich
sich 1694 mit der holländischen Compagnie über die strei=
tigen Orte und machte anfangs gute Geschäfte. Aber
Entzweiung und Untreue im Schoße der Gesellschaft brachte
sie wieder zurück, und als nach dem Sturze des Ministers
Eberhard von Danckelmann und seiner Brüder (1697)
die Unterstützung aus Staatsmitteln aufhörte, konnte sie
sich nicht mehr halten. Seit 1703 ward der Handel mit
St. Thomas eingestellt, im Jahre 1711 die Compagnie
aufgelöst und gemäß dem Grundvertrage und den Schuld=
verschreibungen die Forts, Schiffe und Effecten derselben
von dem nunmehrigen Könige Friedrich I übernommen.
Dieser sah es für eine Ehrensache an die Niederlassungen
zu behaupten und sandte nach Groß=Friedrichsburg einen
neuen Director und Mannschaften: aber sein Thronfolger
Friedrich Wilhelm I war entschlossen, für einen werthlos
gewordenen Besitz keinen Heller mehr auszugeben, son=
dern sich desselben so bald wie möglich zu entledigen.
Daher veräußerte er im Jahre 1720 die ihm noch ver=
bliebenen drei Forts für den Spottpreis von 7200 Du=
caten und zwölf Negern an die holländische Compagnie.
Dieser gelang es übrigens nicht ohne Kampf sich in den
Besitz zu setzen, da die Neger sich weigerten, andere als
preußische Schiffe zuzulassen.

Das war das Ende der mit großen Erwartungen
begründeten brandenburgischen Niederlassungen in Afrika
und zugleich das Ende der brandenburgischen Marine.
Der üble Ausgang schreckte auf lange hinaus die Hohen=

zollern von neuen Unternehmungen zur See ab: Friedrich
der große sprach die Ueberzeugung aus, er werde einen
unverzeihlichen Fehler begehen, wenn er seine Macht theilte
und Mannschaften in See gehen ließe, welche er höchst
nöthig auf dem Lande brauche. Indessen kam die um=
sichtige Landesverwaltung, die Pflege des Ackerbaues und
der Industrie auch dem Handel zu Gute. König Frie=
drich Wilhelm I entriß den Schweden Stettin und die
Oberinseln und dehnte das preußische Pommern bis zur
Peene aus. Seitdem erstand Stettin aus dem Verfall. Zwar
erhob die schwedische Regierung zu Wolgast an der für See=
schiffe allein geeigneten Peenemündung einen Zoll, aber
Friedrich der große machte den Stettiner Handel auch von
dieser Last frei, indem er die mittlere Obermündung, die
Swine, so weit austiefte, daß sie seitdem die Haupteinfahrt
in das Haff bildet, und legte den Hafen Swinemünde an.
Nochmals wurde im Jahre 1757 in dem von der Kaiserin
Maria Theresia und Ludwig XV von Frankreich über
die Theilung des preußischen Staats geschlossenen Vertrage
Stettin und das Mündungsgebiet der Oder der Krone
Schweden zugesprochen, aber Friedrichs des großen hel=
denmüthiger Widerstand machte auch diese auf Deutschlands
Schaden berechnete Uebereinkunft zu nichte. Wenigstens
den Wolgaster Zoll wollte die schwedische Regierung ret=
ten; sie forderte noch bei dem 1762 zu Hamburg ge=
schlossenen Frieden ein Verbot der freien Fahrt durch die
Swine, ward aber mit diesem Anspruche von Friedrich
kurzweg abgewiesen. Die Oderschiffahrt blieb frei.

Uebrigens erfuhr Friedrich der große im siebenjährigen
Kriege, welchen Nachtheil es bringe, daß die preußischen

3*

Küsten wehrlos jedem Feinde offen lagen. Sowohl die schwedische als die russische Marine war in schlechtem Zu=stande: wenn Friedrich nur über wenige seetüchtige Kriegs=schiffe geboten hätte, würde es ihm nicht schwer gefallen sein, den Schweden Stralsund zu nehmen, das mehrmals ihre einzige Zuflucht bildete, und die Landungen der Feinde in Pommern und Preußen zu hindern. So aber drang er vergebens in die ihm verbündete englische Regierung, zu seinem Beistande ein Geschwader in die Ostsee zu sen=den: sie betheuerte, ihrer gesammten Marine zum Schutze der britischen Inseln und zum Colonialkriege zu bedürfen; überdies nahm sie Anstand, den britischen Handel mit Rußland einer Unterbrechung auszusetzen. Zu spät und mit unzureichenden Mitteln ward preußischerseits der Ver=such gemacht, für die Vertheidigung von Stettin eine Haff=flottille zu rüsten. Hiefür wurden unter den Kauffahrtei=schiffen acht gedeckte Fahrzeuge ausgewählt, dazu vier offene Küstenfahrer. Diese wurden mit 20 schweren und einer Anzahl leichter Geschütze und Mörser versehn und mit 550 Mann besetzt. Den Oberbefehl führte Hauptmann von Köller von der Stettiner Garnison.

Die aus dem Stegreife gebildete Flottille gieng im April 1759 unter Segel und unternahm es, die Einfahrt aus der Peene in das Haff einem schwedischen Geschwader streitig zu machen, welches 28 Fahrzeuge mit einer Be=mannung von 700 Seeleuten und 1650 Landsoldaten zählte. In der That hielt sie mittelst ihrer weiter=tragenden Geschütze die Schweden, welche seit dem 19. August die Durchfahrt zu erzwingen suchten, wochenlang auf. Endlich, in der Gefahr umgangen zu werden, be=

stand sie am 10. September 1759 an der Repziner
Schar ein Gefecht, in welchem, nachdem zwei schwedische
Fahrzeuge in den Grund geschossen und ein drittes in die
Luft geflogen war, eins der preußischen Schiffe nach dem
andern genommen wurde: nur drei der kleineren retteten
sich unter die Kanonen von Stettin. Daß die Preußen
sich bis aufs äußerste gewehrt, ward selbst vom Feinde
anerkannt. Noch die Gefangenen beharrten in ihrem Trotze.
Ihrer 161 wurden auf der Galiot Skildpabben einge=
schifft: während der Ueberfahrt nach Schweden überwäl=
tigten sie die Besatzung und lieferten sie samt dem Schiffe
im Colberger Hafen ab.

Nach dem Verluste der einen Flottille rüstete man zu
Stettin eine zweite aus. Es waren wiederum zwölf Fahr=
zeuge mit 478 Mann Besatzung. Diese beschränkten sich
darauf, im Verein mit den Strandbatterien den Eingang
in das Papenwasser, d. h. das eigentliche Stettiner Fahr=
wasser, zu vertheidigen und dem Feinde auf den Dienst
zu lauern. Im Herbste 1761 lag das schwedische Ge=
schwader am Südstrande der Oderinseln bei der Swine:
als Wachtschiff war an der gegenüberliegenden pommer=
schen Küste die Galeere Mars nebst einem kleinen Fahr=
zeuge aufgestellt: beide zusammen führten 20 Kanonen.
Gegen diese fuhren in der Nacht des 5. Novembers, des
Jahrestages der Schlacht bei Roßbach, zwei preußische
Capitäne mit 70 Mann in fünf offenen Böten heran,
enterten und führten beide Schiffe samt ihrer Besatzung
im Triumphe nach dem Hafen von Stettin. Diese Vor=
gänge bezeugen, welch rüstiger Seemannsmuth in den Pom=
mern lebte.

König Friedrich lag es in noch höherem Grade als seinen Vorfahren ob, die Küsten nicht in wehrlosem Stande zu lassen, denn seit dem Aussterben des Hauses Cirksena im Jahre 1744 gehörte Ostfriesland unmittelbar zum preußischen Staate. Der König hatte demnächst von der Embener Kaufmannschaft Bericht darüber gefordert, was er für die Belebung ihres Handels thun könne, und diese hatte in ihren Vorschlägen die Bitte vorangestellt: „es möge S. Maj. gefallen sich formidabel zu machen zur See." Sie fand damit kein Gehör. Jedoch in anderer Weise suchte Friedrich den Handel zu heben: er machte durch das Patent vom 15. November 1751 Emden zum Freihafen und ertheilte einer dort sich bildenden asiatischen Compagnie ausgedehnte Vorrechte. Das Capital für die neue Unternehmung, bei der es sich vorzüglich um Fahrten nach China handelte, ward in Ostfriesland, in Belgien und zu Berlin gezeichnet. Die Generalstaaten gestatteten auf des Königs Ersuchen den preußischen Schiffen niederländische Häfen anzulaufen, erinnerten aber daran, daß gemäß den Privilegien der holländisch-ostindischen Compagnie Niederländer, welche in deren Dienst gestanden und auf preußischen Schiffen nach Indien führen, strenge und selbst mit dem Tode bestraft würden.

Der Anfang des Unternehmens war glücklich. Das erste Schiff der Compagnie, „Der König von Preußen," in England angekauft, von 521 Last, mit starker Besatzung und 36 Kanonen ausgerüstet, wie es für eine solche Fahrt nöthig war, gieng am 21. Februar 1752 nach Canton unter Segel und kehrte am 6. Juli 1753

auf die Rhede von Emden zurück. Die Ladung bestand
aus roher Seide und Seidenstoffen, Porzellan, Thee und
Gewürzen. Zu der Versteigerung, deren Ankündigungen
weit und breit verschickt waren, fanden sich viele Kaufleute
aus Hamburg, Bremen, Frankfurt, Holland und Brabant
ein, ja unter anderen Standespersonen erschien auch Kur=
fürst Clemens August von Köln und machte große Ein=
käufe. Auch die folgenden Fahrten lieferten guten Er=
trag. Auf die Dauer hielt jedoch die asiatische Com=
pagnie zu Emden sich nicht. Die Holländer thaten ihr
Abbruch, indem sie durch geheime Werbung mit erhöhtem
Lohn so viele Matrosen an sich lockten, daß es der deut=
schen Handelsgesellschaft an der Bemannung ihrer Schiffe
fehlte. Dazu kam der Ausbruch des siebenjährigen Krie=
ges. Unter diesen Umständen schien es gerathen, nach=
dem das letzte Schiff glücklich in England geborgen war,
die Compagnie aufzulösen und den Cassenbestand unter
die Mitglieder zu vertheilen.

Minder gute Geschäfte machte die bengalische Com=
pagnie, welche 1753 gleichfalls zu Emden errichtet war.
Ihr erstes Schiff strandete in den indischen Gewässern
und die großentheils gerettete Ladung ward veruntreut;
nachdem ein zweites kleineres Fahrzeug 1762 einen Er=
trag von 770,000 fl. geliefert hatte, löste sich auch diese
Gesellschaft auf.

Nach hergestelltem Frieden wurden verschiedene An=
läufe genommen, neue Handelsgesellschaften ins Leben zu
rufen, jedoch ohne wesentlichen Erfolg. Nur eine von
Friedrich dem großen mit Vorliebe gepflegte Schöpfung
ward eine Quelle reichen Segens für Ostfriesland, die

1769 geftiftete Häringscompagnie, für deren Rechnung der holländische Häring befteuert ward. Im übrigen ent=behrte nach wie vor der Handel im preußifchen Staate wie in Deutfchland überhaupt der Freiheit, welche feine Lebensbedingung ift, und in der Fremde des Schußes und der Gleichberechtigung mit andern Nationen.

Zwar vertrat Friedrich der große alles Ernftes das Recht der neutralen Schiffahrt. Im Beginn feiner Re=gierung, während des öfterreichifchen Erbfolgekrieges, unterfagte er feinen Unterthanen Kriegscontrebande zu laden und Schiffe auszuleihen, aber zugleich erfuchte er die Regierungen von England und Frankreich, ihre Caper=fchiffe anzuweifen, die preußifche Flagge zu refpectieren. Indeffen beläftigten die Engländer den Handel der Neu=tralen auf alle Weife und brachten auch mehrere preu=ßifche Schiffe auf: von diefen wurden einige für gute Prife erklärt, weil fie für franzöfifche oder fpanifche Rech=nung befrachtet feien, andere nach langem Hinhalten und vielen Unkoften zwar freigegeben, aber ohne alle Ent=fchädigung. Dabei beruhigte fich König Friedrich nicht. Er vertheidigte den Grundfaß: frei Schiff, frei Gut, und beftritt den Anfpruch des englifchen Admiralitätsgerichts über neutrale Schiffe abzuurtheilen. Da die englifche Regierung allen feinen Vorftellungen zuwider auf dem Saße beftand, daß über gemachte Prifen von den Ge=richten des Landes erkannt werde, dem der Caper ange=höre, fchritt König Friedrich zu Repreffalien: er deponierte im Jahre 1752 die leßte Quote der bei der Abtretung Schlefiens von ihm übernommenen öfterreichifch=englifchen Anleihe — 45,000 L. St. — beim Kammergerichte auf

so lange, bis die englische Regierung seinen Unterthanen
Schadenersatz gezahlt habe. So lag die Sache, bis Eng=
land in den Fall kam, Preußens Freundschaft zu suchen.
In dem am 16. Januar 1756 geschlossenen Vertrage
von Westminster machte die englische Regierung sich ver=
bindlich, „um jeden Anspruch des Königs von Preußen
und seiner Unterthanen zu tilgen," 20,000 L. St. zu
zahlen, wogegen preußischerseits der auf die schlesische
Schuld gelegte Beschlag aufgehoben ward.

Ueber den völkerrechtlichen Grundsatz war mit der
in diesem Falle gewährten Schadloshaltung nicht ent=
schieden. Erst mit der Gründung der Vereinigten Staa=
ten von Nordamerika ward sowohl die engherzige Colo=
nialpolitik der Seemächte durchbrochen als ein weiterer
Schritt zum Schutze des Rechtes der Neutralen gethan.

Jeder edeldenkende Brite selbst freute sich, daß Amerika
der Willkür der englischen Regierung widerstand. Aus
Deutschland wurden zu tausenden Soldaten in den eng=
lischen Dienst nach Amerika verkauft, von Fürsten, deren
Stuhl seitdem umgestürzt und deren Stamm verdorrt ist:
Friedrich der große dagegen begleitete den Aufstand der
Amerikaner mit unverholener Theilnahme. Er trat auch
im Jahre 1781 der von der Kaiserin Katharina von Ruß=
land erlassenen Declaration der Neutralität bei, welche
gegen das von England behauptete Seerecht gerichtet war.
Als nach geschlossenem Frieden die Vereinigten Staaten
Benjamin Franklin, Thomas Jefferson und John Adams
nach Europa sandten, um Handelsverträge abzuschließen,
war König Friedrich der erste, der ihnen die Hand bot. Mit
dem am 10. Sept. 1785 unterzeichneten preußisch=amerika=

nischen Vertrage wurde der Schiffahrt auch in Kriegs=
zeiten eine Freiheit zugesprochen, die bis dahin ohne Beispiel
war. Die beiden Mächte verpflichteten sich in Kriegen
mit anderen Staaten selbst Kriegscontrebande gegenseitig
nicht mit Beschlag zu belegen, und wenn zwischen ihnen
selbst Krieg entstehen sollte, ihn allein gegen Bewaffnete
zu führen und keine Caper auszusenden: der Krieg soll
nicht gegen Kauffahrteischiffe und nicht zur Unterbrechung
des Handels geführt werden. Dieser Vertrag, mit wel=
chem eine neue Epoche des Seerechtes anhebt, ist noch
heute giltig: er bildet die Grundlage zu den in den spä=
teren Verträgen zwischen Preußen und Nordamerika von
1799 und 1828 getroffenen näheren Bestimmungen.
Die Abschaffung der Caperei und die Freiheit der neu=
tralen Flagge und der neutralen Ladung ist auf dem Pa=
riser Congresse von 1856 von den europäischen Mächten
als völkerrechtliche Satzung vereinbart. Es lag nicht an
Preußen, daß nicht auch den Kriegsschiffen das Recht
entzogen wurde, Privateigenthum des Feindes anzutasten.
Im letzten Kriege haben wenigstens sowohl Preußen und
Italien als Oesterreich durch förmliche Erklärungen die
Feindseligkeiten wie zu Lande so auch zur See allein auf
den bewaffneten Gegner beschränkt.

Zwischen dem preußisch=amerikanischen Vertrage von
1785 und der jüngsten Reform des Seerechtes liegt die
Periode der französischen Revolution und der napoleoni=
schen Gewaltherrschaft, gegen welche Großbritannien fast
ohne Unterbrechung aus allen Kräften ankämpfte. So
oft auch die Entwürfe der Briten auf dem Festlande
fehlschlugen, sie behaupteten um so nachdrücklicher die

Seeherrschaft auf Kosten Frankreichs und seiner Verbün=
deten. Napoleon dagegen unternahm es, sobald er Preu=
ßen niedergeworfen hatte, die Continentalsperre zu pro=
clamieren, um damit die Industrie und den Colonial=
handel Englands zu lähmen. Darunter litt die deutsche
Schiffahrt schwer. Zwar die Bremer Schiffe fanden in
Amerika eine Freistatt und reichen Verdienst, aber die
von Hamburg und andern Städten verfaulten im Hafen.
Als endlich das Joch der Fremdherrschaft abgeworfen
war, hofften alle Patrioten auf die Neugestaltung eines
einigen mächtigen Deutschlands, und wurden statt dessen
abgefunden mit der Kleinstaaterei und der Bundesacte.
Ein Bundesheer ward angeordnet, aber einer deutschen
Marine ward nicht gedacht; eine Lebensfrage des deut=
schen Volkes ward im 19. Artikel der Bundesacte mit
den leeren Worten abgethan: „Die Bundesglieder be=
halten sich vor, bei der ersten Zusammenkunft der Bun=
desversammlung in Frankfurt wegen des Handels und
Verkehrs zwischen den verschiedenen Bundesstaaten so wie
wegen der Schiffahrt in Berathung zu treten.“

Und bedurfte etwa der deutsche Handel im Frieden
keines kräftigen Schutzes mehr? Oder versäumte er seine
Anliegen geltend zu machen? Keineswegs. Aber uner=
hört verhallten bei den Stimmführern des Bundes die
Klagen unserer Handel= und Gewerbtreibenden, daß
Deutschland für alle Fremden ein offener Markt sei,
während die deutschen Erzeugnisse und die deutsche Schiff=
fahrt durch die Prohibitivgesetze anderer Länder ausge=
schlossen oder unbillig belastet seien. Durften doch die
eben erst durch unsere Waffen befreiten Holländer sich

**

erkühnen, uns von neuem den Rhein zu sperren und mit
der Behauptung, die Worte der Verträge: la navigation
sur le Rhin du point où il devient navigable jusqu'à
la mer et réciproquement sera libre, besagten: „bis
an das Meer", nicht „bis in das Meer", unsere Diplo=
maten am Narrenseile zu führen, bis endlich am 31.
März 1831 in der 514. Sitzung der Centralcommission
die Rheinschiffahrtsconvention zu Stande kam, deren
durchgreifende Verbesserung erst in jüngster Zeit auf Be=
trieb Preußens erfolgte.

Der im Jahre 1820 zu Wien versammelten Minister=
conferenz überreichte ein Verein von Kaufleuten und an=
deren angesehenen Bürgern Hamburgs, der antipiratische
Verein, eine Denkschrift, in welcher dargelegt wurde, daß
die Einheit der deutschen Handels= und Gewerbepolitik
das Haupterforderniß sei, um Deutschlands Wohlstand
zu heben. Dabei ward erbeten 1) eine Nationalflagge,
begleitet von einer Navigationsgesetzgebung zur Aufhilfe
der Schiffahrt unserer Küstenstaaten, „welche in der
traurigsten Lage ist, weil wir einen Theil unseres eigenen
Handels mit fremden Schiffen führen müssen," 2) Ab=
stellung der Seeräuberei der Barbaresken. „Die Schiff=
„fahrt der Deutschen," sagt die Denkschrift, „leidet durch
„dieses Unwesen mehr als diejenige irgend einer andern
„Nation, da auf den bedrohten Meeren ihre Flagge, wenn
„solche nicht zugleich diejenige einer fremden Krone ist,
„welche mit den Barbaresken Tractate abgeschlossen, gar
„nicht erscheinen darf." Die Thatsachen waren unleug=
bar, die Uebelstände schreiend, aber wie konnten allge=

mein deutsche Anliegen zur Geltung kommen, wo nur der Sondergeist und das Sonderinteresse gebot?

Die Barbaresken hatten sich seit Anfang des Jahrhunderts wieder mehr geregt. Oefters hatten die Maroccaner deutsche Schiffe gecapert und die Mannschaften zu Sklaven gemacht. Dann wurden wohl Kirchencollecten bewilligt um die Verunglückten loszukaufen. Hatte man sich doch gewöhnt, wie eine Ueberschwemmung oder einen Hagelschlag hinzunehmen, was zu dulden für ein großes Volk die ärgste Schmach war. Hamburg hatte im Jahre 1802 mit dem Sultan von Marocco einen Friedensvertrag geschlossen, wie man ihn beschönigend nannte, d. h. es hatte sich mit einem jährlichen Tribut von 5000 spanischen Thalern einen Freibrief erkauft. Die Zahlung erfolgte etwa acht Jahre, bis die napoleonische Herrschaft der Hamburger Schiffahrt ein Ende machte. Nach Napoleons Sturze war wieder die alte Noth: die Flaggen der Hansestädte waren von wichtigen Seegebieten ausgeschlossen oder den Angriffen der Corsaren ausgesetzt. Zu wiederholten Malen nahm sich die englische Regierung der Beraubten an: endlich aber drängte der Sultan und forderte im Jahre 1829 von den drei Hansestädten, wenn sie Frieden haben wollten, eine jährliche Abgabe und die Rückstände seit 1802. Die Hansestädte erließen darauf an den „erhabenen und ruhmwürdigen Monarchen, den mächtigen und sehr edlen Fürsten, Seine kaiserliche Majestät Sultan Abderrahman" ein Antwortschreiben, in welchem sie sich zu Verhandlungen unter englischer Vermittelung erboten. Indessen ward die Sache in die Länge gezogen, bis die französische Expedition nach Algier den Barbaresken einen so heilsamen Schrecken versetzte, daß ein Vertrag mit Marocco über Tributzahlung unnöthig ward. Seit dieser Zeit wagten auch Schiffe deutscher Flaggen in das Mittelmeer einzulaufen.

Inzwischen war der Anfang dazu gemacht, ein deutsches Handelsgebiet herzustellen. König Friedrich Wilhelm III schuf durch das Gesetz vom 26. Mai 1818 ein einheitliches Zoll- und Steuersystem für den preußischen Staat und hob alle Binnenzölle auf. Zugleich stellte er für die mit andern Staaten abzuschließenden Verträge gegenseitige Handelsfreiheit als Grundlage hin und faßte den Entschluß, in Deutschland „übereinstimmende Anordnungen von Grenze zu Grenze weiter zu leiten, welche den Zweck haben, die inneren Scheidewände mehr und mehr fallen zu lassen." Lange sträubten sich die Kleinstaaten; sie versuchten sich an Zollsonderbündnissen: endlich bequemte sich einer nach dem andern, die dargebotene Hand zu ergreifen und in den preußischen Zollverein einzutreten. Darüber vergieng manches Jahr; erst 1853 ward die Zollgrenze an die Nordsee vorgeschoben: erst im vorigen Jahre sind bis auf die Freihäfen Hamburg, Altona und Bremen die letzten Zollschranken innerhalb Deutschlands gefallen. Nunmehr ist auch das Veto der Einzelstaaten beseitigt, das so lange ein wesentliches Hinderniß unserer Zollgesetzgebung bildete.

Bevor dieses Ziel erreicht ward, haben wir noch die bitteren Früchte von unserer Ohnmacht zur See geerntet. Wir haben es erlebt, daß in den Jahren 1848 und 1849 die Dänen vor jeden unserer Ströme ein Kriegsschiff legten und damit den deutschen Handel sperrten, so weit er sich nicht unter fremder Flagge barg. Der Bundestag zu Frankfurt hat das Maß der Schande erfüllt, als er die zum Theil aus freiwilligen Beisteuern gerüsteten Kriegsschiffe, die Erstlinge einer deutschen Marine, in öffentlicher Versteigerung unter den Hammer brachte. Ja noch in dem letzten Kriege mit Dänemark haben wir erlebt, daß, während die preußischen Häfen blockiert wurden, Mecklenburger sich vergnügt die Hände rieben, daß sie nun um so besser ihren Weizen nach Kopenhagen verschiffen könnten, denn sie waren in Frieden mit Dänemark. Aber Preußen war doch nicht mehr wehrlos zur See. Am 14. März 1864 lieferte unsere junge Flotte das erste Gefecht auf der Höhe von Jasmund. Drei Schiffe der königlichen Marine mit 42 Geschützen, befehligt von den Capitänen Jachmann, Werner und Kuhn, bestanden rühmlich den Kampf gegen sechs größere dänische Schiffe mit mehr als 170 Geschützen.

Die Regierung unseres Königs hatte es nicht an sich fehlen lassen, auch die übrigen deutschen Staaten zu gemeinsamen Anstalten für den Schutz der Küsten und der Schiffahrt zu vermögen. Aber am Bundestage schlummerte auch diese Sache. Nicht einmal mit den Nordseestaaten ließ sich ein Verständniß über eine Kanonenbootflotille und Küstenbefestigungen erreichen, da der hannoversche Hof, dem 1815 auch Ostfriesland zugefallen war, es darauf abgesehen hatte, statt einer einheitlichen Seemacht eine abgesonderte Rüstung für die Nordsee mit Ausschluß Preußens auf die Bahn zu bringen. So blieb es dabei, daß bis zum Jahre 1866 die Mündungen

unserer Flüsse in die Nordsee wehrlos blieben, daß über=
all keine einheitliche deutsche Flagge, keine Gesamtver=
tretung, kein gemeinsamer Schutz zur See bestand.

Dank unserem erhabenen Monarchen und seiner sieg=
gekrönten Regierung ist diese Schmach des deutschen Na=
mens getilgt. Die deutsche Schiffahrt ist unter der einen
norddeutschen Flagge ebenbürtig den andern Nationen
beigesellt: die bevollmächtigten Vertreter des norddeut=
schen Bundes nehmen die Gerechtsame des deutschen
Kaufmanns und Seemanns wahr: die norddeutsche Ma=
rine sichert unsere Küsten und entfaltet ihre Wimpel auf
den Weltmeeren, für alle in der Ferne zerstreuten Deut=
schen ein freudig begrüßtes Panier. Unsere Seeleute, die
Preußen, Pommern, Mecklenburger, Schleswig=Holsteiner,
Niedersachsen und Friesen dürfen sich mit jeder Nation
messen in Erfahrung und Zucht und Todesverachtung:
ihrer aller Losung ist das strenge Wort, das an dem
Hause Seefahrt zu Bremen geschrieben steht: navigare
necesse est, vivere non necesse est. Zum ersten
Male seit Jahrhunderten dienen sie insgesamt frei von
fremder Botmäßigkeit dem geeinigten deutschen Vaterlande,
das zu frischen Ehren erstanden ist.

Das ist das Werk, welches von seinen erlauchten Vor=
fahren überkommen, unser König zu einem glorreichen
Ziele geführt hat. Möge Gott sein Regiment auch ferner
segnen und beschirmen; möge König Wilhelm I noch
lange die Hand am Steuer halten, mit jugendlicher Kraft
im Greisenalter, zu eigener Freude und zum Heile des
deutschen Vaterlandes!

Truck von Carl Georgi in Bonn.